Success15
fifteen

サクセス15　February 201
http://success.wase

REGULAR LESSONS

中1準備講座実施要項

日程
- **第1ターム…2/8(水)、10(金)、15(水)、17(金)、22(水)、24(金)**
- **第2ターム…2/29(水)、3/2(金)、7(水)、9(金)、14(水)、16(金)**

※校舎により授業実施日・時間帯等が異なる場合があります。
※詳しくは最寄りの早稲田アカデミー各校にお問い合わせください。

時間
- **東京・神奈川→ 17：00 ～ 18：40**
- **埼玉・千葉・高島平校・羽村校・東大和市校・つくば校→ 17：10 ～ 18：50**

費用 各ターム：(2 科) 9,000 円
(単科) 5,000 円

中1準備講座の授業料が半額に※!!
※12月または1月まで小6基本コースに在籍し、中1準備講座のお申し込みと同時あるいは、事前に4月以降の中1基本コースのお申し込みをされた方対象。

中1準備講座カリキュラム

英語 必ず英語が好きになる充実した授業

スタートはみんな同じです。でもなぜ英語が苦手になってしまう人がいるのでしょう？　それは英語に興味が持てず、中1のときにつまずいてしまうからです。早稲田アカデミーでは、「楽しい英語、好きになる英語」をテーマに、中学校で役に立つ勉強とともに、クイズやパズルなども取り入れた学習をします。

初級：第1ターム（1～6）→ 第2ターム（7～12）
中級：第1ターム（1～6）→ 第2ターム（7～12）

	カリキュラム	この回の目標
1	**英語の世界へようこそ** ABCとabcをマスターしよう	４線を使ってアルファベットの大文字·小文字を一通り正しく書くことができる。
2	**身の回りの英語** これはtable?、それともdesk?	アルファベットの大文字·小文字を順番に書け、発音することができる。平易な単語を書くことができる。
3	**英語で言ってみよう** 犬はdog、ネコはcatって言うんだ	日本語の意味を見て英単語を書くことができる。また、英単語を見て日本語に直すことができる。
4	**英語で文を作ろう** ぼくのもの·あなたのもの	This is my book.といったThis/Thatを使って一つの文を書くことができる。冠詞·所有格を使うことができる。
5	**英語で質問しよう①** これは何だろう?	This/That の文の否定文·疑問文を作ることができる。疑問詞Whatを使った文で質問できる。
6	**英会話をしてみよう** 自己紹介しよう	I am~. / You are~.の肯定文や否定文、疑問文を使って自己紹介をすることができる。名前をローマ字で書ける。
7	**英語で自己紹介しよう** 私は英語が大好き	be動詞の文との違いを理解し、likeやplayなど一般動詞を使った肯定文や否定文を作ることができる。
8	**英語で質問しよう②** リンゴとオレンジ、どっちが好き?	一般動詞の否定文·疑問文を作ることができる。be動詞の文と一般動詞の文の問題が混在していても対応できる。
9	**英語で友達を紹介しよう** 彼女は私の親友です	He is~. / She is~.の肯定文や否定文、疑問文を使って友達を紹介できる。疑問詞Whoを使って質問できる。
10	**英語で数えてみよう** ケーキはいくつある?	名詞·代名詞の複数形を使って文を作ることができる。How many~?を使って質問し、答えることができる。
11	**総合問題**	単語と発音·be動詞の文·一般動詞の文
12	**発展問題**	主語が3人称単数の一般動詞の文の肯定文·否定文·疑問文を作ることができる。

数学 算数から数学への橋渡し!

中1で最初に習う『正負の数』から『方程式』までを学習します。中でも正負の数·文字式は、中1の1学期の中間·期末テストの試験範囲でもあります。小学校の算数の復習をしながら基礎力を大幅アップ!　算数嫌いの人も数学がきっと好きになります。中学受験をした人は上級カリキュラムで中1夏までの内容を先取りします。

初級：第1ターム → 第2ターム
中級：第1ターム → 第2ターム
上級：第1ターム → 第2ターム

	カリキュラム	内　容
1	小学校の復習①	数と計算·図形·文章題
2	小学校の復習②	平均·速さ·割合·比と比例
3	小学校の復習③	平面図形と面積·立体図形と体積
4	正負の数①	数の大小·正負の数の加法と減法 加減の混じった計算
5	正負の数②	正負の数の乗法·正負の数の除法 累乗と指数·四則の混じった計算
6	文字と式①	積と商の表し方·1次式の加減乗除 式の値
7	文字と式②	数と式·数量の表し方 文字式の利用
8	方程式の解き方①	等式と方程式 等式の性質
9	方程式の解き方②	一次方程式 移項と方程式の解法
10	総合問題	正負の数·文字と式·方程式

中1コース開講までの流れ

冬休み …… 1月 …… 2月 …… 3月 …… 4月

小6総まとめ講座（小学校内容のまとめ講座実施）→ **中1準備講座** → **新中1学力診断テスト 保護者対象ガイダンス** → **中1コース開講**

先を見据えた習熟度別クラス

レベル別のカリキュラムだからしっかり先取りできる!

早稲田アカデミーの中1準備講座は習熟度別のクラス編成になっています。だから、自分のペースにあった環境でしっかりと理解し、先取り学習をすることができます。さらに、その先の難関高校合格や難関大学合格につながる学習環境を用意しています。中1準備講座で最高のスタートを切ろう!

英語
- 初級 → 英語の勉強が初めての方。塾に通うのが初めての方。
- 中級 → Kコースなどで英語の学習経験がある方。

数学
- 初級 → 数学の勉強が初めての方。塾に通うのが初めての方。
- 中級 → Kコースなどで数学の学習経験がある方。
- 上級 → 中学受験をされた方。

中1 新しい環境でスタートダッシュ。「本気でやる」習慣をつけます。

一人ひとりに講師の目が行き届く人数で授業を行うのが早稲田アカデミーです。中1ではまず学習習慣を身につけることが大切。一人ひとりに適切な指導をし、「本気でやる」姿勢を植えつけます。難関校受験へ向けて確かな学力を養成していきます。

コース		科目	曜日・時間	授業料
S コース	選抜コース 英数国3科	英語 数学 国語	**月曜·水曜·金曜** 東京·神奈川 19:00～20:30 千葉 19:10～20:40 埼玉·茨城 19:15～20:45	授業料 17,500円
R コース	レギュラーコース 英数国3科	英語 数学 国語		授業料 17,500円
理社 コース	選抜コース レギュラーコース	理科 社会	**水曜·金曜** 東京·神奈川 20:40～21:30 千葉 20:50～21:40 埼玉·茨城 20:55～21:45	授業料 7,500円

※一部の校舎では時間帯等が異なります。

※ 難関中高受験専門塾ExiVでは上記と実施日·時間帯等が異なる場合があります。詳しくはお問い合わせ下さい。

中学入学前

スタートダッシュ！ライバル達に、差をつけろ!!

現小6対象

中1準備講座

2月・3月実施　中学内容先取り講座

早稲アカなら偏差値50台の生徒が難関校に合格できる!!

偏差値70以上が必要とされる 開成 国立附属 早慶高 に進学した生徒の中1当時の偏差値は半数以上が40台～50台でした。

中1・5月までに入塾し2011年入試で開成・国立附属・早慶附属高に進学した生徒の中1の時の偏差値分布

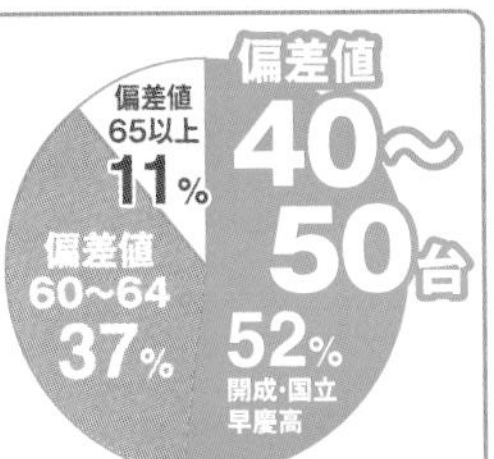

さらに開成・国立・早慶高を除く 難関私立 都県立難関校 に進学した生徒の中1当時の偏差値は76%が40台～50台でした。

中1・5月までに入塾し、2011年入試で開成・国立附属・早慶附属を除く偏差値65以上の難関校に進学した生徒の中1の時の偏差値分布

早稲田アカデミー
イメージキャラクター
笠井 海夏子（かさい みかこ）

現小6対象　新中1学力診断テスト　無料

中学校へ入学する前に実力と弱点を把握しよう！

算数（数学）・国語・英語・理科・社会を総合的に診断します。

・到達診断テストⅠ（算数・数学）	40分
・到達診断テストⅡ（国語・英語）	40分
・到達診断テストⅢ（理科・社会）	40分
・新中1オリエンテーション	20分

3/17（土）

会　場　早稲田アカデミー各校舎（WAC除く）
時　間　10：00～12：40

詳しい成績帳票で個別の学習カウンセリングを実施。成績優秀者にはプレゼントも！

※お申し込み・お問い合わせは、お近くの早稲田アカデミー各校舎までお気軽にどうぞ。

保護者対象 同時開催

新 中1ガイダンス 無料

情報満載！早稲アカが教えます。

・中1学習の秘訣
・普通の子が伸びるシステム
・部活と塾の両立のカギ
・地域の中学校事情や入試制度

3/17（土）

※ ガイダンスのみの参加も可能です。
※ お申し込みはお近くの早稲田アカデミーまでお気軽にどうぞ。

早稲田アカデミー

お申し込み・お問い合わせは
最寄りの早稲田アカデミー各校舎または
本部教務部　03-5954-1731 まで

対策！

①正尾佐先生による お悩み解消術！

教育評論家
正尾《まさお》 佐《たすく》先生

②入試直前体験記 現役高校生にインタビュー

東京都立日比谷高等学校
高校１年生
大山《おおやま》 雄太郎《ゆうたろう》くん

東京都立日比谷高等学校
高校１年生
牟田口《むたぐち》 美紀《みき》さん

千葉県立船橋高等学校
高校１年生
内田《うちだ》 悠介《ゆうすけ》くん

千葉県立船橋高等学校
高校１年生
黒澤《くろさわ》 香恋《かれん》さん

入試直前

正尾佐先生による お悩み解消術!

解決

試験当日まで、あと数日となりました。
いままでいろいろな人にさまざまなことを言われてきて、
直前になって不安が増幅して、悩んでいる人はいませんか?
そこで高校受験指南書(P33〜)でおなじみの正尾佐先生に
受験生の悩みを聞いてきました。

直前期の悩み 1
学校の授業があるため、なかなか受験勉強に取り組めません。

学校によっては授業より受験勉強を優先させてくれるところもあるでしょう。しかし、そういう学校は多くはありません。

　そこで大事になってくるのが、学校と塾以外の時間です。この時期は入試までの残り日数ばかり気にしてしまい、なにから手をつけていいのかわからなくなってしまう人もいます。そういうときは自分で考えるのではなく、学校の先生、もしくは塾の先生の言うことを思い出して勉強するのがいいでしょう。

　またよくあるパターンで、「学校の時間がムダだ」と思い込んでしまう人がいます。そうではなくて、ここまできたら焦らず、落ち着いて地に足を着けて受験勉強をしましょう。

　そしてもう1つ、アドバイスとして、試験までにやることをリスト化してみましょう。これは完璧にこなせなくても、試験の前日までにリスト化したことの65%ができたら合格できる可能性が高いでしょう。

どうして
こんなに時間が
ないんだろう?
はーぁ

直前期の悩み 2

本番3日前なのに夜型なんですが。

本番直前は、勉強することも大事ですが、それ以上に心や身体の状態が大事になってきます。そのために、睡眠はとても重要な要素になります。

　これまでも塾や学校の先生に言われていると思いますが、やはり試験に合わせた起床時間を設定し、試験まではそれに合わせて起床することを意識しましょう。

　身体を慣れさせるためには、ある程度の時間が必要ですが、最低3日前からでも身体は慣れるものです。遅くはないので、夜型で勉強している人も、できるだけ朝型に合わせるようにしましょう。

　ただし、例外の人もいます。夜型の人で、これまでの経験で睡眠時間が少なくても勉強に集中できる人であれば、無理をして朝型に直さなくてもいいでしょう。

　自分がどういう状況でベストなパフォーマンスを発揮できるのか、それをわかっている人は、試験日にその状態に持って行くようにしましょう。

直前期の悩み 3

もし試験当日に風邪をひいてしまったらどうすればいいですか？

風邪気味であることを恐れる必要はありません。これまで多くの受験生を見てきましたが、風邪で実力を発揮できなかったということはほとんどなく、むしろ熱があってだるいくらいの方が、集中しやすいのです。下痢や頭痛がひどいときには困りますが、それ以外で熱が少しあるくらいなら、恐れるに足りません。

　熱があがるのは試験に臨むにあたって、身体が試験当日を意識し始めた緊張感の表れなのです。興奮状態になったとき、必ず人間は体温があがるものです。いつもより熱っぽく感じてもまったく心配しなくてよいでしょう。

試験当日は問題用紙だけに集中すればいいのです。体調が悪いと、大抵の受験生はいままで以上に「頑張らないと」と意識し、「自分ならやれる」と感じることができるものです。

直前期の悩み 4
試験当日はおそらく緊張すると思うんですが、どうすれば落ち着けますか？

多感な時期である中学生は、集中力や緊張にも個人差があります。

一般的にものすごく集中できたときには、大体115%の実力が発揮できると言われてます。逆に隣の鉛筆の音が気になったりして、気が散って集中できないときには、実力の85%くらいしか発揮できません。その差は30%。この30%の差は点数にすると結構の点差になります。そのため自分の実力を十分に発揮できる集中方法を把握しておくことが大切です。

自分なりの集中法をもっていない人のために、いい集中方法をお教えしましょう。

試験当日に緊張してしまい集中できない可能性があると思う人は、あらかじめ、自分の一番頼れる人（学校の先生や塾の先生、両親など）に励ましの言葉を紙に書いてもらいましょう。そしてポケットに入れておくと、お守りになり安心感が出てきて試験に集中できます。また、それに手をあてて、「頑張るぞ」と心のなかで言い、書かれた励ましの言葉を繰り返してください。そうすれば緊張した身体も落ち着くでしょう。

結構落ち着いてるな

それでも緊張してると感じられる人は、じつは落ち着いている人なのです。なぜなら本当に緊張している人は、緊張していることにすら気づかないからです。ですから当日緊張しているなと思ったら、「結構、自分は落ち着いているな」と考えてよいでしょう。

直前期の悩み 5
受験の直前にはどんな勉強をしたらいいのですか？

塾の先生や学校の先生は「これまでやり残した勉強をしなさい」と言うかもしれません。または「これまでやったことを確認しろ」と言うでしょう。

どちらも正しいです。ですが、不得意教科の難しい問題集を取り出して、やったことを確認してみても間違いが多く、時間ばかりとられてしまってなんの意味もありません。これからは自分の得意・不得意教科に合わせた勉強をしてください。

不得意教科は、これまでの模試や試験での間違った問題を使ってください。そうすると問題も絞ることもできるので、時間が短縮され、効果的に勉強することができるでしょう。

逆に得意教科は、ほとんどの問題がわかるはずですので、やったことの確認で十分です。

このように得意・不得意に応じて勉強することで、点数を伸ばすことができるのです。

不得意科目
まだ、諦めないでね！

東京都立 日比谷高等学校

Question

1. 2月なかばころには、どのような勉強をしていましたか？
2. 入試直前に健康面で気をつけたことはありますか？
3. 試験前日はどのように過ごしましたか？
4. 試験当日のことを聞かせてください。
5. 志望校に合格した秘訣はなんだと思いますか？
6. 受験生へメッセージをお願いします。

牟田口《むたぐち》 美紀《みき》さん

高校１年生

後悔しないように 1日1日をムダにしないで!

Answer

1 私は冬休みくらいから、簡単な数学の問題集を使った学習を始め、直前にもそれを続けていました。毎朝起きたら1日3問必ずやると決めていて、タイムを計って計算のスピードをあげるようにしていましたね。理社は、秋ぐらいのかなり早い段階から過去問「全国高校入試問題」（旺文社）に取り組んでいて、直前期は英数国の勉強が中心でした。とくに数学が苦手だったので、問題集で間違えたものには×をつけて、繰り返しやることでその × を○に変えていくようにしました。

日比谷が第1志望だったので、直前期には日比谷の過去問はひと通り解き終わっていました。ですから、戸山や西など他の自校作成問題校の過去問もやりましたね。ちょっとした気分転換にもなるので国立の理社の問題をやってみたこともあります。

2 家で勉強するときは厚着したり、とにかく防寒には気をつけました。睡眠時間については、絶対6時間は寝るようにしていました。夜中に勉強してもなにもいいことないですからね。頭に入らないし、次の日に響いて昼寝したら意味ないですから。

3 過去問や、ずっと使っていた理社のテキストを見直しました。夜は11時くらいに寝て、普段通りを心がけてコンディションが崩れないようにしました。

4 朝は大体6時くらいに起きました。当日の持ち物で必須なのが、頭が疲れたときに食べるチョコです。あとはなにかと使うティッシュや、置いてない学校もあるので時計ですね。勉強道具は、数学のテクニック集みたいなテキストを持っていきました。

5 「毎日やる」と決めたことをしっかりやったことと、繰り返し同じテキストを使ったことです。それから、「今日はこんなに頑張った」と思わないで「明日は今日よりもっと頑張ろう」と思うようにして寝ましたね。絶対に合格したかったので意地になって勉強を頑張ったところもあります。

6 やっぱり後悔しないように、毎日をムダにしないでほしいです。「ここで休んだら、落ちたときに後悔するのは自分だ」っていう気持ちも大事です。最大限の努力をするように頑張ってほしいと思います。

にインタビュー

昨年、見事難関高校に合格をした現役高校生に入試本番の直前対策について体験談を聞いてきました。この特集を参考に、志望校合格をめざして受験勉強に取り組んでください。

大山《おおやま》 雄太郎《ゆうたろう》くん

高校１年生

本気で勉強に 取り組むことが大切!

Answer

1 併願校受験が終わってから1週間後に日比谷の試験が待っていたので、その1週間は過去問をやりましたね。私立や国立の勉強に力を入れていて、その時点で日比谷の過去問はまだ3年ぶんくらいしかやっていなかったんです。なので、英数国については、そこからひたすら5年ぶんくらいやりました。

理社については夏くらいから過去問「全国高校入試問題」（旺文社）を使った勉強をしていましたし、共通問題はそんなに難しくないので復習を主に、とくに理科は教科書を何回も読み込みました。

2 そんなに健康面で気をつけたことはないかもしれないです。でも睡眠は規則正しく取るようにして、12時に寝て、6時に起きるというサイクルを毎日続けました。

3 どの学校を受験するときも、必ず前日には英語の単語帳、自分で作成した数国理社のまとめノートを勉強しました。

夜はいつもよりちょっと早く寝たくらいですかね。

4 お菓子を持っていって、休み時間ごとに食べました。勉強道具は、前日に勉強したノートを全教科ぶん持っていきました。あと、社会の記述対策のプリントです。休み時間は、軽くのびをしてリラックスをしたり、勉強しながらだんだんとテンションをあげて集中していくように、自分の世界に入り込んでました。

5 塾の先生を信用して勉強することが大切です。併願の組み方などは、塾の先生のアドバイスを取り入れつつ、よりよく発展させて決めるといいと思います。

6 本気でやることが大事です。結果的に、自分が入学した学校が一番自分に合った学校だと思うんです。でも、そういう気持ちって、本当に本気でやった人にしか生まれてこないと思います。

入試直前体験記 現役高校生

千葉県立 船橋高等学校

Question

1. 2月なかばころには、どのような勉強をしていましたか?
2. 入試直前に健康面で気をつけたことはありますか?
3. 試験前日や当日について聞かせてください。
4. 併願校受験について教えてください。
5. 受験において家族や友だちとのエピソードはありますか?
6. 志望校に合格した秘訣はなんだと思われますか?
7. 受験生へメッセージをお願いします。

内田《うちだ》 悠介《ゆうすけ》くん

高校1年生

最後まで諦めずに
努力を続けてほしい!

Answer

1 とにかく公立の過去問を数年ぶん解いて間違いがないように勉強しました。

公立は1つでもケアレスミスがあると合否に響いてしまうので、絶対間違えないという意気込みで勉強していましたね。間違えたところはできるまで繰り返し、とくに数学の計算ミスが多かったのでミスがないようにすることと、苦手だった国語の読解問題を重点的にやっていました。

直前期は、過去問の見直しや教科書を参考に基礎の事項をもう1回確認していましたね。あとは学校で面接の練習をしてくれたので、家では復習をしていました。

2 睡眠時間を規則的に取ることが一番大切だと思っていました。手洗いやうがいはもちろんですが、3食をきちんと食べる、睡眠を取る、この3つを気をつけていました。

3 前日は英語の文法や、社会の歴史の年表を見て早めに寝ました。

当日は緊張しましたね。雪で試験時間が1時間遅れてしまったんですが、友だちがいて少し話せたのでリラックスできました。あとは持っていった参考書を見ていましたね。

4 私立の入試直前は過去問がすごく難しくて苦戦していたので、公立の勉強はやらないで私立の過去問にだけ集中しました。私立の合格が決まったあとは、公立の試験対策に切り替えてできたと思います。

5 特別なエピソードはないですが、目に見えない点での家族のサポートが大きかったと思います。

あまり気づきにくい面ではありますが、安心できる環境を整えてくれた家族のサポートなしで受験はうまくいかなかったと思います。

6 継続は力なりというように、諦めずに努力を続けたことではないでしょうか。

7 砂時計の砂が1粒1粒落ちるように、目の前にあることを1つひとつしっかりとこなしていけば、新たなステップが見出せるのではないかと思います。頑張ってください。

黒澤《くろさわ》 香恋《かれん》さん

高校1年生

基礎をしっかり
固めていくことが大事。

Answer

1 直前期は問題演習を基本に、過去問で間違えた単元を問題集で勉強していました。私は、国語の読解問題が苦手だったので、読解の演習を多めにやりましたね。

2 睡眠が大事だと思っていたので、夜更かしはしないようにしていました。学校から帰って11時くらいまでを勉強の時間として、毎日規則正しく過ごしました。

3 前日は、理科や社会の各単元ごとに苦手なところを確認して、その日は早めに寝たと思います。

当日は同じ教室に友だちがいたので話していたら、わりと落ち着いてテストに臨めましたね。

4 私は、夏休みの時点から私立よりも、絶対に公立に行きたいという気持ちが大きかったんです。さすがに私立の試験直前は私立の勉強をしましたが、それまでは基礎を固めて応用力をつけるというふうな、公立にも私立にもどちらにも対応できるように勉強を進めていましたね。

5 家族の存在がすごく心強かったです。勉強についてはうるさく言われなかったので、そのおかげで自分のペースで勉強を進められましたし、プレッシャーにもならないで、すごく心強かったですね。

とくに嬉しかったことは、試験当日の朝にあまり電車に慣れていなかった私といっしょに、父が試験会場に向かう途中まで来てくれたことですね。

6 基礎がしっかりできていないと、応用問題は解けないので基礎力を夏休みなどの長期休暇でコツコツ固めていったのがよかったと思います。

7 自分のペースが大事だと思います。疲れていたときは無理にやるのではなくて、少し休憩を入れたり、趣味の時間を設けたりすると、頭のなかも整理されて落ち着いて勉強できると思います。

自分の力を信じよう！受験生に贈る名言集

小さいことを積み重ねるのが、とんでもないところへ行くただ1つの道だと思っています

イチロー（1973－）プロ野球選手

メジャーリーグで活躍中のイチローは努力の人だ。このほかにも、彼の発言には野球に対するストイックで真摯な姿勢がよく伝わってくるものが多いが、とくに多くの人を感動させたのが、2004年10月にそれまで84年の間、破られることのなかったメジャーリーグの年間最多安打記録を更新したあとに言ったこの言葉だ。偉業を成し遂げるには優れた能力があるだけではなく、小さな努力の積み重ねにより、その力をさらに磨いていくことが大切だと学べる。

余の辞書に不可能という文字はない

ナポレオン・ボナパルト（Napoleon Bonaparte 1769－1821）
フランス第一帝政時代の皇帝

軍人から皇帝にまでのぼりつめたナポレオンは、いつもよくこの言葉を口にしていたという。大事な受験の前には、不安を感じたり、気弱になってしまうことがあるかもしれない。そんなとき、こんな自信にあふれた力強い言葉を思い出して気持ちを奮い立たせてほしい。

Genius is one percent inspiration and 99 percent perspiration.

天才は1%のひらめきと99%の汗

トーマス・エジソン（Thomas Alva Edison 1847−1931）
アメリカの発明家

「発明王」の名を持つエジソン。彼の発明はなんと1300にものぼるというから驚きだね。まさに天才…と思わせられるけど、そんなエジソンが言った言葉がこれだ。汗とはつまり努力の証。輝かしい発明の裏には数多くの失敗がある、ひらめきを信じて努力できる人こそが「天才」だと言える。

Well done is better than well said.

よく為すは、よく語るに勝る

ベンジャミン・フランクリン（Benjamin Franklin 1706−1790）
アメリカの政治家・物理学者

勤勉で合理主義者であったフランクリンの言葉。口でいろいろ言うよりも、大切なのは実行することである、という意味だ。短くてやさしい文なので、英文もいっしょに覚えよう。

挑戦・努力の言葉編

受験本番まであとわずかとなりました！
試験当日を目前に控え、ひたすら頑張る受験生のみなさんへ
気合いが入るような名言を集めてみました。
気持ちを奮い立たせる「挑戦・努力の言葉編」と
くじけそうなときに思い出してほしい「勇気づけられる言葉編」の
2つをテーマに珠玉の名言をお贈りします。

Boys, be ambitious.
少年よ、大志を抱け

ウィリアム・スミス・クラーク（William Smith Clark 1826–1886）
札幌農学校初代教頭

1877年、北海道大の前身である札幌農学校の初代教頭を勤めたクラーク博士が、アメリカへ帰国するとき、第1期生との別れの際に生徒たちへ贈ったという有名な言葉だ。若者は、大きな志を胸に世の中に羽ばたいて行ってほしいというクラーク博士の想いが込められている。短い文章だが、とても心に響く名言だ。

多くの人から、なにかにチャレンジするときに、気持ちが続かないと聞きますが、それは、心の底から、おもしろがらないからじゃないでしょうか

毛利衛（1948–）日本科学未来館館長・宇宙飛行士

日本人で初めてスペースシャトル計画に参加した毛利さんは、朝日新聞のエンターテイメントサイト「どらく」のインタビューにて、本気で楽しめるのなら、チャレンジするのに年齢は関係ないと語った。なにかに挑戦するときは、「楽しむ」気持ちも大切だ。

チャレンジして失敗することを恐れるよりも、なにもしないことを恐れろ

本田宗一郎（1906–1991）日本の実業家

自動車をはじめとした輸送機器および、機械工業の大手である本田技研工業（通称「ホンダ」）の創業者・本田宗一郎は、この言葉をよく社員のエンジニアに言っていたという。1965年、F1への参戦宣言からわずか1年後のF1メキシコGPで初優勝をおさめるという快挙を成し遂げた陰には、こうした宗一郎の言葉があった。失敗を恐れずに挑戦すること、そして、チャレンジすることの重要性を胸に刻むことができる名言だ。

いまを戦えない者に、次や未来を語る資格はない

ロベルト・バッジョ（Roberto Baggio 1967–）
イタリアの元プロサッカー選手

スピードとテクニックを兼ね備えたプレースタイルで人々を魅了したロベルト・バッジョは、ここぞというときの勝負強さも持ち合わせていた。この言葉のように、いまやるべきことに全力を注ぐ姿勢を持つことが重要だ。

光陰矢の如し

中国のことわざ

「光陰」とは月日、つまり時間のこと。月日が流れるのは矢が飛んでいくように早い、だから時間をムダにしてなにもせずに過ごしてはいけないという戒めの意味が込められたことわざだ。あとになって、「あのときもっと勉強していればよかった…」と悔いることがないように、いつでも精一杯頑張ろう。

勇気づけられる言葉編

ここでは、勇気が出る言葉をピックアップ。いろいろなバックグラウンドの人たちがその人なりの経験をふまえながら、不安を抱えながらも前に進むことの大切さを教えてくれる。

All our dreams can come true - if we have the courage to pursue them.

追い続ける勇気があるなら、すべての夢は必ず実現できる

ウォルト・ディズニー（Walt Disney 1901–1966）
アメリカの実業家

ご存知、ミッキーマウスの生みの親。彼が作ったディズニー社は、世界を代表する企業になったが、その過程では破産の危機に見舞われたりと、順風満帆なことばかりではなかった。それでも諦めなかったことが、現在の成功につながっているのだ。

学問は米をつきながらもできるものなり

福沢諭吉（1835–1901）日本の学者・教育家

自著「学問のすすめ」のなかの一節で、「米をつく」とはいまで言う精米のこと。忙しい日々でも、ちょっとした時間を有効に使えば勉強時間は作れるはず。

自己への信頼こそ、成功の秘訣である

ラルフ・ワルド・エマーソン（Ralph Waldo Emerson 1803–1882）
アメリカの詩人・思想家・作家・哲学者・エッセイスト

受験勉強でも、クラブ活動でも、するのは自分自身。自分を信じずに結果を出すのは難しい。根拠がなくてもいいじゃないか。自分を信じて最後まで突き進もう！

You can't connect the dots looking forward. You can only connect them looking backwards, so you have to trust that the dots will somehow connect in your future.

先を見通して点をつなぐことはできない
振り返ってつなぐことしかできない
だから、将来なんらかの形で点がつながると信じなければならない

スティーブ・ジョブズ（Steve Jobs 1955–2011）
アメリカの実業家

いまや世界的に有名なiPhone、iPadなどを世に送り出し、2011年に逝去したジョブズ氏が、2005年にアメリカのスタンフォード大で卒業生に向けてスピーチした際の一節。単純な興味だけで潜り込んでいた大学の授業が、あとから大きな意味を持ったことや、自らが作った会社から、一度は追い出された経験などを例に出しながら、いま、自分が行っていることを信じる大切さを語った。

Never bend your head.
Always hold it high.
Look the world straight in the eye

うつむいてはいけない
いつも頭を高くあげていなさい
世の中を真っ正面から見つめなさい

ヘレン・ケラー（Helen Keller 1880–1968）
アメリカの教育家

自らが重い障害を背負いながらも、人並み以上に精力的な人生を送った人の言葉は、これまでにも多くの人の心を打ってきた。大変な時期でも、前を向くことを忘れずに最後まで歩いて行こう。

自分で自分を褒めたいと思います

有森裕子（1966-）日本の元マラソン選手

女子マラソン競技において、1992年のバルセロナオリンピックで銀メダル、1996年のアトランタオリンピックで銅メダルを獲得した有森選手。バルセロナの銀メダルから1つ順位を下げたアトランタでのレース終了後、メダルの色は銅かもしれないが、なぜもっと頑張れなかったのかと思うようなレースはしたくなかったし、今回はそうじゃない、という趣旨の発言のあとで語ったのがこの言葉だ。わかりやすく目に見える結果だけがすべてではないのだ。

March winds and April showers bring May flowers.

3月の風と4月のにわか雨とが、
5月の花をもたらす

イギリスのことわざ

それまでの積み重ねがいい結果をもたらしてくれる。みんなのこれまでの頑張りも、きっとこれからの人生で花開くことだろう。言葉の響きもきれいで、印象に残ることわざだ。

世の中は、君の理解する以上に栄光に満ちている

ギルバート・ケイス・チェスタートン
（Gilbert Keith Chesterton 1874-1936）
イギリスの作家

受験を目前に控えて、不安を抱いている人もいるだろう。でも、この言葉の通り、これまでみんながやってきたことの先には、自分で思うよりもいい結果が待っていると信じてみよう。

I failed over and over and over again in my life. That is why I succeed.

人生で何度も何度も何度も
失敗してきた
それが成功の理由だ

マイケル・ジョーダン（Michael Jeffrey Jordan 1963–）
アメリカの元プロバスケットボール選手

アメリカのプロバスケットボールリーグ・NBAで1980年代から2000年代初期にわたって数々の記録を打ちたてた偉大な選手。そのジョーダン選手がNikeのCMのなかで語った言葉がこれだ。この発言の前には、何度もシュートを外し、試合に負け、さらに勝敗を決めるシュートを託されて26回も外したことがあるとも語っている。「天才」「神」などと呼ばれた彼でも、その成功の裏では多くの失敗を経験していた。

The University of Tokyo
Vol.012

text by Tommy

東大への近道

達成感を得られる勉強をする

こんにちは。２０１２年を迎えていよいよ学年末が近づいてきました。受験生のみなさんは試験が始まりつつあり落ち着かない日々かもしれませんが、なにより体調を万全にして実力を発揮できる環境づくりに努めましょう。

さて、今回のテーマは「振り返り」です。２０１１年度を振り返って、自分の実力、勉強方法、目標達成具合などを正しく分析して、より効率的な勉強をする工夫を紹介します。

一般的にその年度の振り返りは３月にやるもので、「まだ振り返るのは早いのでは？」と感じる人も多いかもしれません。しかし、優秀な人ほど、早い段階から振り返りを始めているように感じます。

というのも、振り返りというのは、単にその年度の成績や試験結果を見直してなにがよかった、悪かったと感じるだけではありません。意味のある振り返りとは、成績や勉強方法を分析したあとに、次の目標を定めて、その目標を達成するための戦略（＝勉強法、勉強量など）を立ててそれを実践し、さらにその戦略を修正、改善して習慣にするまでをさすのです。

大抵の人は３月に簡単な反省をして４月から勉強法を改めようとしますが、新生活に慣れるのに精一杯になり不達成になりがちです。４月までに理想の勉強ができる自分を作るには、いまから振り返りをすべきだと思います。受験生にとっても直前期に最も効率のいい勉強をするためにはこれまでの振り返りが最重要です。

ではどのように振り返りをするか、その一例を紹介します。まず全教科を得意か苦手かで分類します。これは成績や試験結果など数字から判断しましょう（これを定量分析といいます）。次に全教科を好きか嫌いかで分類します。これは自分の感覚でかまいません（これを定性分析といいます）。

もしできれば教科だけでなく、数学ならば方程式、関数、図形など単元に分けて分類してください。そのほうがピンポイントに対策ができるので効率があがります。

最優先に戦略を考えるのは苦手な分野、嫌いな分野です。おそらく多くの人は苦手分野＝嫌いな分野となるでしょう。苦手分野を克服するヒントは、その分野を好きになることにあります。というのも、人間の脳は好きなことを考える方がよく働き、嫌いなことを考えると効率が落ちるという事実が示されているのです。歴史上の人物は覚えられないけれども好きなスポーツ選手はすぐに覚えてしまう…というのはよくありますよね。

勉強において嫌いな分野というのは、「わからないから」というのが主な理由です。これを克服する方法は、「達成感を得られる勉強をする」ことに限ります。

例えば英語が苦手ならば、英語の教科書を１ページ、あるいは半ページごとにミニテストをしながら覚えます。半ページならば割と簡単に覚えることができるので、それを繰り返すことで少しずつ前進するのです。水泳を習うときにまず５ｍ、つぎに10ｍ…と段階を踏むイメージです。嫌いな分野も、できるイメージがつくとやる気が出てくるものですよね。

振り返りの第一歩は、嫌いな分野を好きに近づけるような勉強法を身につけることです。さらに発展した振り返りは…また次回お話することにしましょう。

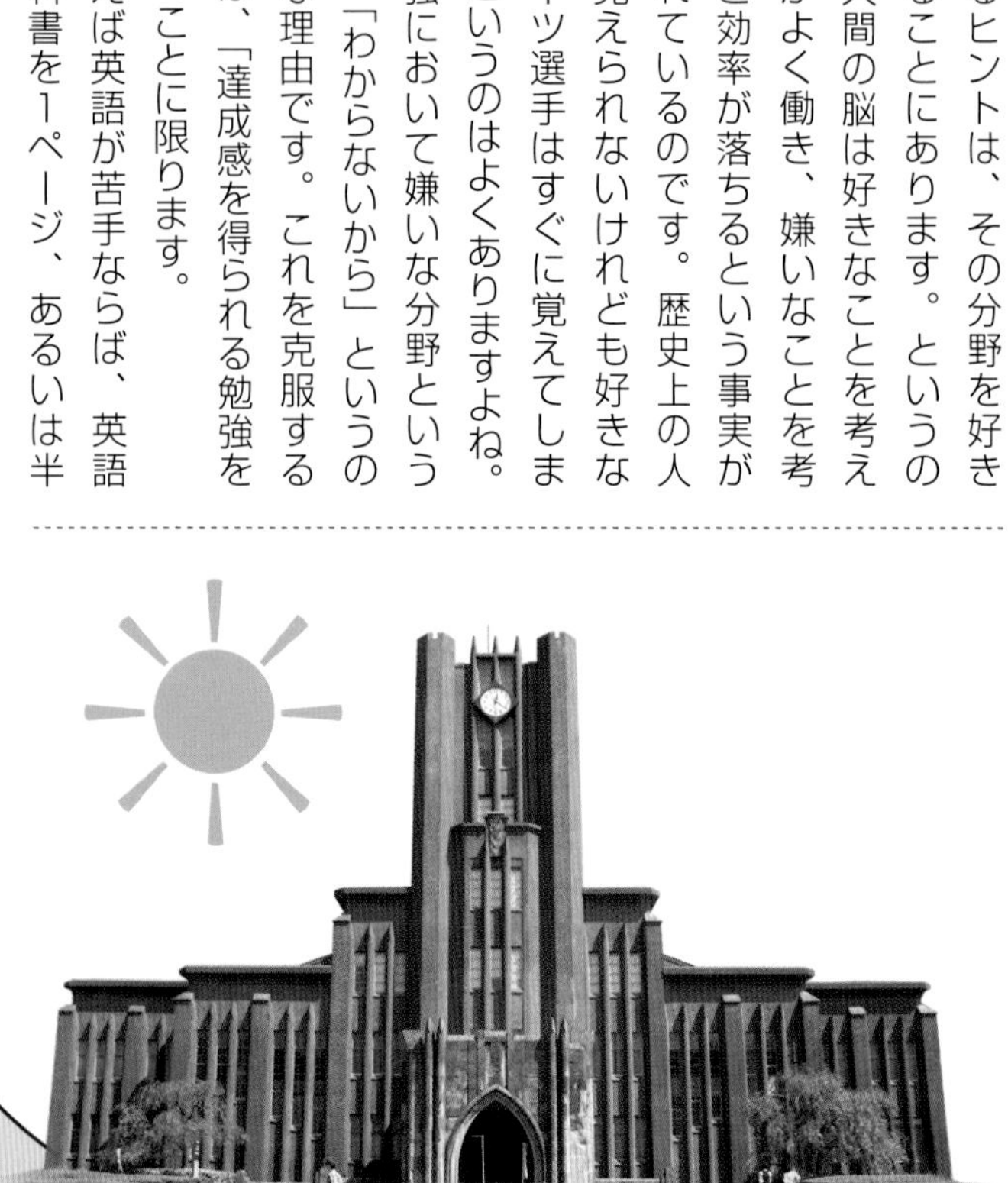

人間力・学力・グローバル力を育てる夢教育

IKUBUNKAN YUME GAKUEN

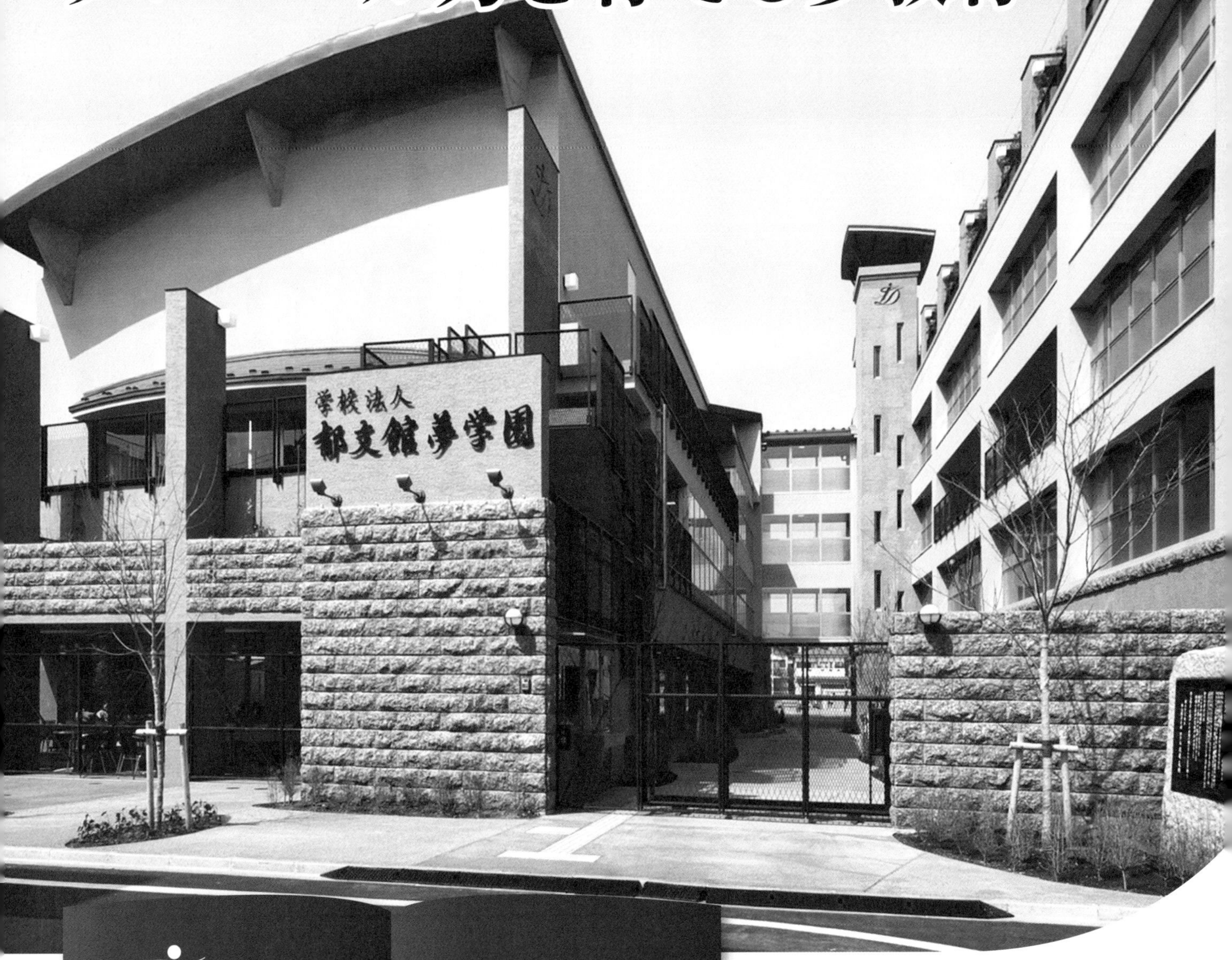

学校法人 郁文館夢学園

募集要項

郁文館高等学校　郁文館グローバル高等学校

郁文館高校

募集人員	入試科目	入学試験日
単願推薦男女10名	適性検査(国・英・数)・面接	1/23(月)
都外生併願推薦男女10名	適性検査(国・英・数)・面接	1/23(月)
一般男女80名 (都内生併願優遇含む)	国・英・数・面接	2/11(土)

郁文館グローバル高校

募集人員	入試科目	入学試験日
単願推薦男女10名	適性検査(国・英)・面接	1/23(月)
都外生併願推薦男女10名	適性検査(国・英)・面接	1/23(月)
一般男女30名 (都内生併願優遇含む)	国・英・面接	2/11(土)

Webで「渡邉美樹の学校説明会」がご覧になれます。 郁文館夢学園 検索

「2年次より文系・理系・医進系のコース選択」
「生徒一人ひとりが違う学校へ、ニュージーランド留学」
「株式会社の仕組みを学ぶ起業体験」

学校法人 郁文館夢学園
〒113-0023 東京都文京区向丘2-19-1
TEL03-3828-2206(代表) www.ikubunkan.ed.jp

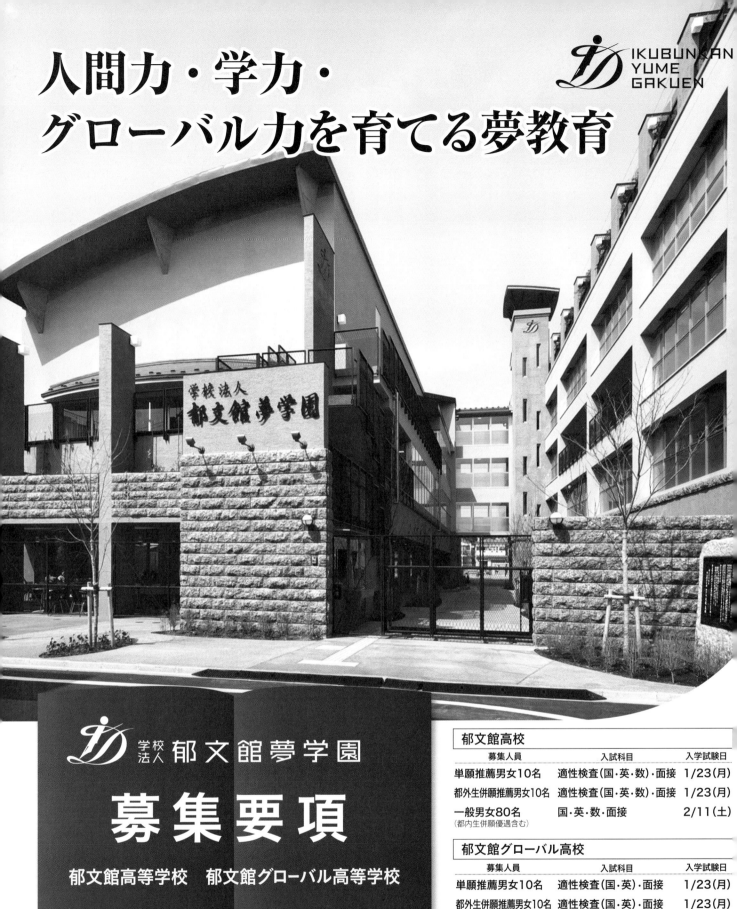

SCHOOL EXPRESS

春日部共栄高等学校

KASUKABE KYOEI HIGH SCHOOL

SCHOOL EXPRESS　埼玉県　共学校　私立

キーワードは「世界」「英語」「専門」

埼玉県を代表する私立高校の1つである春日部共栄高等学校。「世界を舞台に活躍できる人材に」という思いのもと、大学受験をゴールとせず、その先を見据えられる人材を育てています。

宇野《うの》 禎弘《よしひろ》
校長先生

世界を舞台に活躍できる人材の育成をめざす学校

春日部駅からバスに乗り、立派な藤棚が並ぶ藤通りを通り抜けていくと、10分ほどで春日部共栄高等学校（以下、春日部共栄高）が見えてきます。

学校法人共栄学園を母体とする春日部共栄高は、当時、私立学校がなかった埼玉県東部地区で、1980年（昭和55年）に開校されました。2003年（平成15年）には中学校が併設され、男女共学の中高一貫校教育もスタートしています。

そんな春日部共栄高の教育理念は「個性と可能性を大切にトータル教育で実現する人間的成長と学力増進」です。この教育理念のもと、春日部共栄高は「世界」「英語」「専門」をキーワードに掲げ、「世界を舞台に〝専門〟を生かして活躍する人材の育成」「豊かな人間性と年齢に応じた社会貢献の意識の形成」をめざしています。

宇野禎弘校長先生は、このキーワードについて、こう説明されます。

「これから社会に出ていく彼らの活躍の舞台は日本だけではありません。世界を舞台にするには、ディベートやプレゼンテーション、ネゴシエーションができるだけの英語力が必要です。同時に、自分の専門はこれだ、と言えるものを持つことが大切だと考えています。そのために、本校の3年間では、自分が専門にしたいことはなにかを考える入口として、本物を見て、聞いて、触れる教育を重視しています。

また、『豊かな人間性〜』のために、本校ではボランティア教育にも力を入れています。活動の1つとして、生徒たち自身がクッキーを焼いて売り、その売上を、アジアやアフリカに学校をつくる運動に寄付しています。若いときには、他者から教えてもらうものだけではなく、自分で獲得しなければ身についていかないものがあると思います。種々のボランティア教育を通じて、そうしたものを得ることができると考えています。」

生徒の進路希望に応える細かなコース設定

春日部共栄高では、1年次に「選抜コース（以下、選抜）」、「特進コース（以下、特進）」、「文理コース（以下、文理）」の3つのコースが用意されています。「選抜」は東大と難関国立大（旧帝大）を志望する生徒が、「特進」は旧帝大以外の国公立大と早慶上智大を志望する生徒が、「文理」は国公立大とG－MARCHを志望する生徒がそれぞれ在籍します。

コース分けについては、入学試験の時点で、選抜・特進・文理のいずれかを希望することになります。ただ、文理を希望していても、当日の試験の点数が選抜や特進の合格ラインに達していれば、選抜や特進に入学できるといった形で、スライド制をとっています。

2011年度は、1クラスが40〜44名で、選抜が2クラス、特進が4クラス、文理が4クラスというクラス編成でした。年度によってこの割合が変わることもあります。また、春日部共栄高には、春日部共栄中学校から進学してくる内進生が120名いますが、380名の高入生とは、3年間を通して別々のクラス、カリキュラムで学ぶことになります。

学期制は3学期制をとっており、授業は1時限50分です。選抜と特進は月・金曜日が7時限、火〜木曜日が6時限。文理は月曜日が7時限、火〜金曜日が6時限です。土曜日は全コース共通で、第1・第3土曜日に4時限の授業があります。

2年次からは、文系と理系に分かれ、志望する大学がさらに絞り込ま

クラブ活動

全国大会で活躍する野球部やアーチェリー部、多くの部員が数学オリンピックに参加する数学研究会など、運動系、文化系を問わず、クラブ活動が盛んなことも春日部共栄高の特徴の1つです。

数学研究会

アーチェリー部

吹奏楽部

れたコースが設けられています。

「選抜理系・文系コース」は、東大・国立大医学部の現役合格をめざすコースです。「特進Ⅱ類理系・文系コース」は、東大・難関国公立大の現役合格をめざします。そして、「特進Ⅰ類理系・文系コース」は、難関国公立大・早慶大の現役合格を目標とするコースです。クラス替えは毎年行われており、生徒の進路志望の変化に合わせてコースが変わることもあります。

「どのコースでも、大学受験は早くから準備した方がいいのだから、高1の段階からそれを考えようという指導をしています。そうして、早くから大学受験というものを意識させていきます。」（宇野校長先生）

独自の教材や講座が大学合格実績に結びつく

春日部共栄高は、学習面でさまざまな取り組みを実施しています。その1つとして、国語・数学・英語で独自の教材を使用していることがあげられます。

「生徒の進路希望を叶えるためには、各教科ごとに、どの教師でも、同じ教材で同じレベルの授業ができることが求められます。これを『教科力』と呼んでいます。この教科力をつけるために、教科ごとに教材を作り、それを使う力を共有していくということを考え、まず国語、数学、英語で独自の教材を作りました。教材にはセンター試験や東大、早大などの過去問を盛り込んでいます。」（宇野校長先生）

朝の0時限と放課後には、各学年で講習が行われています。毎日ホームルームの時間に担任の先生から、その日の放課後と翌朝にどういった講習が行われるかが生徒に伝えられ、生徒はそれを聞いて、自分の希望する講習に参加できます。

夏期休暇中には夏期講習があり、7月の前半に7日間、8月の後半に7日間設定されています。各学年で実施され、希望する生徒が受講しています。

こういった講習とは別に、意識の高い生徒を対象にした講座も設けられています。「東大入試攻略講座」は、東大をめざす生徒が受講しており、東大の過去問の解答と解説をする講座です。「合《う》格《か》ろう会」は、生徒の志望が多い大学（早大・明大・千葉大など）の過去問の解答と解説をする講座です。ほかに「卒業生特別講座」があり、これは、卒業生が学校に来て、生徒たちに学習面の指導をしてくれる講座です。

また、高2・3年の希望者に向けて、夏休みに勉強合宿が2泊3日で行われます。これは先生がたが勉強内容を決めるのではなく、生徒が自

手作りクッキーの売上を寄付するサンタ大作戦

ボランティア活動

「豊かな人間性と年齢に応じた社会貢献の意識の形成」を目的として、春日部共栄高ではさまざまなボランティア活動を行っています。

砂漠緑化ボランティア（中国）

熱帯林保全の植林ボランティア（オーストラリア）

分で考えた学習予定に基づいて勉強に打ち込む合宿です。

2年生の希望者が、代々木の国立オリンピック記念青少年総合センターで、単語やイディオムの暗記を徹底的に行う「セミナーハウス」（3泊4日）や、全学年が対象で、優勝者は県の大会に参加できる「英語スピーチコンテスト」、「TOEFL特別講座」など、英語を修得する環境も整えられています。

進路指導の面では、系列校である共栄大の教授が講演する「共栄大学特別講座」が年間28回行われたり、茂木健一郎さん（脳科学者）など著名な社会人の講演を聞く機会が設けられています。

ほかにも、過去の卒業生のデータを使った生徒のモチベーションアップや、さまざまな形で行われる大学の学部・学科説明会など、行き届いた進路指導も春日部共栄高の強みと言えます。

こうした取り組みの結果として、2011年度入試では国公立大88名合格の実績をあげ、また、現役合格者数も増え続けています。そうしたなかで、これからの目標として宇野校長先生が掲げるのが「現役進学率の向上」です。

「現在、本校の現役大学合格率は85%程度ですが、進学率は70%程度です。これは、第1志望の大学には合格できず、浪人する生徒がいるということです。今後は合格率はもちろん、進学率をもっと向上させるために、普段の授業や講習をさらに充実させていかなければと考えています。」（宇野校長先生）

これまでの実績を基に、更なる発展が期待される春日部共栄高。

「本校は自分で考え、判断して行動できる、そして、新しいことにチャレンジしようという気持ちのある生徒さんを、全力でサポートする体制が整った学校です。」（宇野校長先生）

修学旅行

高校2年次に、約1週間の日程で英語圏の国へ修学旅行に出かけます。

体育祭

中学とは別に行われる体育祭は、縦割りの4つのチームで競われます。

藤桐《とうとう》祭(文化祭)

生徒だけでなく、保護者も参加するにぎやかな文化祭。なかでも、一番の盛りあがりをみせるのが、文化祭の成功を祝って生徒たちがさまざまなパフォーマンスを行う文化祭フィナーレです。

School Data

春日部共栄高等学校

所在地	埼玉県春日部市上大増新田213
アクセス	東武伊勢崎線「春日部」スクールバス
生徒数	男子1009名、女子616名
TEL	048-737-7611
URL	http://www.k-kyoei.ed.jp/hs/

平成23年度大学合格実績　（　）内は既卒

大学名	合格者	大学名	合格者
国公立大学		その他国公立大	25(3)
東北大	2(1)	国公立大合計	78(11)
茨城大	5(2)	私立大学	
筑波大	11(0)	早大	30(5)
埼玉大	10(1)	慶應大	12(4)
千葉大	2(0)	上智大	13(4)
お茶の水女子大	1(0)	東京理科大	34(18)
東京大	1(0)	青山学院大	23(6)
電気通信大	3(0)	中大	31(13)
東京海洋大	2(0)	法政大	50(9)
東京医科歯科大	1(0)	明大	53(16)
東京学芸大	3(0)	立教大	36(8)
東京農工大	1(1)	学習院大	18(8)
横浜国立大	3(1)	津田塾大	6(1)
首都大東京	6(1)	その他私立大	678(163)
京都大	2(1)	私立大合計	984(255)

School Navi 127

帝《てい》京《きょう》高等学校

東京　板橋区　共学校

ここから始まる未来への道

学校の宝は 1人ひとりの個性の光

サッカーや野球など、多くの部活動で輝かしい成績を収めている帝京高等学校は、全国的にもスポーツ強豪校として名を馳せています。しかし、それは帝京の側面の1つでしかありません。1943年の開校以来、「正直・礼儀を重んずる」を校訓に心身ともに健全で責任感のある生徒を育ててきました。そして、多くの普通の子どもたちのなかに輝く個性を尊び、夢や目標達成に向けてきめ細かくサポートしています。

2004年に完成した新校舎は、そんな生徒の個性を引き出すための充実した環境が整っています。すべての教室で冷暖房が完備され、図書室やITルーム、トレーニングルームに人工芝のグラウンドなど、明るく清潔感にあふれた最高の学舎となっています。

帝京では、生徒の夢や目標に合わせた「文理」「理数」「インターナショナル」「文系」の4つのコースが設置され、それぞれの成長スピードに応じたきめ細かい指導が行われています。

「文理コース」では文系・理系をバランスよく学習していきながら、自分の適性や将来を考えていきます。2年次から文理にクラス分けされ、3年次では自分の進路にあった選択科目を履修することで、効率的に勉強を行っていきます。

「理数コース」ではその名の通り、理数系教科に重点をおいた授業が行われます。将来、医歯薬系の大学・学部に進むことを目標としています。1年次から物理・化学・生物の3科目をすべて学び、1週間のうち、約半分で7時間授業が行われています。

「インターナショナルコース」は英語力と国際感覚を磨くコースです。1年次から2年次にかけての約1年間、アメリカ、イギリス、オーストラリア、カナダ、ニュージーランドなど英語圏の国への留学を推奨しています。留学後は少人数体制のもと外国事情、西洋文化史、TOEIC・TOEFL演習など特色ある授業により、英語を武器に活躍できる力を育成していきます。

「文系コース」は体育系クラブに所属している生徒のコースで、部活動での高い目標を持ちながら、学習との両面での可能性を伸ばしていきます。

これら4つのコースで学ぶ生徒の進路は多岐にわたります。生徒は一定の成績を満たすことで、帝京大学グループへ無試験入学の資格を得ることができますし、国公立大や難関私立大など、自分の目標とする進路に果敢にチャレンジする生徒も多くいます。

どのような進路であれ、生徒の最善を模索し、一緒になって目標の実現に向けてサポートしていきます。生徒の個性を尊重し、その光り輝く個性のために惜しみないエネルギーを注ぐのが帝京高等学校なのです。

School Data

帝京高等学校

所在地	東京都板橋区稲荷台27-1
生徒数	男子524名　女子372名
TEL	03-3963-4711
アクセス	JR埼京線「十条」徒歩12分、都営三田線「板橋本町」徒歩8分
URL	http://www.teikyo.ed.jp/

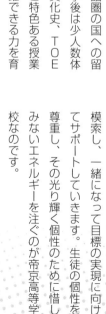

School Navi 128

開《かい》智《ち》未《み》来《らい》高等学校

埼玉県　加須市　共学校

「創造・発信・貢献」

新しい視点から独自の教育活動を実践

開智未来中学・高等学校は、2011年（平成23年）に、「知性と人間を追究する進化系一貫校」として、これまで開智学園が積みあげてきた教育の成果を受け継ぎ、さらに新しい教育実践を開発していくことをめざして開校されました。

開智未来では、「人間が育つから学力が伸びる、学力が伸びるから人間は育つ」という教育理念のもと、生徒の学力や人間力を高めるために、新しい視点からほかの学校にはない先進的な教育プログラムを積極的に開発し、実践しています。

まず、校長先生自らが担当する「哲学」の授業で、人間としての在り方、生き方、価値、社会の課題などを幅広く扱い、志を鍛える教科です。その他、体験的な学習を通して探究力や科学的な考え方を身につける「環境未来学」があります。2年次には「カナダ環境フィールドワーク」を行い、現地の高校生とディスカッションや英語の論議などで語学力を高めます。

本物の学力が身につく開智未来の教育

開智未来では、最難関大学合格を可能にする学力や生涯にわたって発揮される学力を育成するために「4つの知性の育成」を謳《うた》っています。4つの知性とは、IT活用力などの「未来型知性」、体験や実験、実習を重んじた「身体型知性」、暗誦《あんしょう》教育に代表される「伝統型知性」、そして対話的授業や生徒同士の学び合いによる「コミュニケーション型知性」で、これらの知性をバランスよく磨きあげる授業をめざしています。

そのなかで、各学年「未来クラス」と「開智クラス」の2つのクラスが用意されています。

「未来クラス」は、質の高い集団でより高いレベルの学習を行い、各自の能力をさらに伸ばすことを目的としたクラスです。授業は東大をはじめとする旧帝大、早慶大など、最難関大学進学を目標に進められています。

「開智クラス」は、1人ひとりの実力を確実にていねいに育てるクラスで、国公立大学、難関私立大学をめざします。クラスは成績や学習姿勢、意欲を総合的に判断して決定されます。

また、「未来クラス」では、1年次の2学期から「未来ゼミ」というアメリカの高校の教科書を使用して世界史や公民を学習したり、高等数学にも挑戦する高いレベルの学習プログラムを全員が学びます。このゼミは毎週1時間行われ、2年次後半からは東大コースと早慶コースに分かれて希望進路に合わせた授業を行っています。

このようにますます充実した教育の展開が期待される開智未来は、自分の夢に向かって、本気で伸びたいと思っている生徒には最高の学校です。

School Data

開智未来高等学校

所在地	埼玉県加須市麦倉1238
生徒数	男子68名、女子58名（1年生のみ）
TEL	0280-61-2021
アクセス	東武日光線「柳生」徒歩18分、JR線・東武日光線「栗橋」、東武伊勢崎線「加須」・「羽生」スクールバス
URL	http://www.kaichimirai.ed.jp/

千葉市立 稲毛高等学校

共学校

国際社会の一員として自ら発信・行動できる真の国際人を育成する

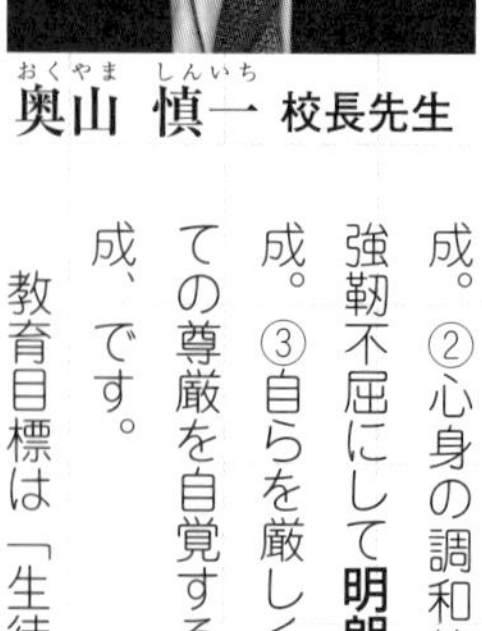

奥山《おくやま》 慎一《しんいち》 校長先生

2007年に中高一貫教育校となり、全校をあげての英語教育に定評がある稲毛高校には、普通科に加えて国際教養科が設置されています。自ら発信・行動できる真の国際人の育成に向けて指導している、いま最も注目されている学校です。

心身とも健全で、協調性に富む調和のとれた人間の育成

千葉市立稲毛高等学校（以下、市立稲毛高）は、千葉市2番目の市立高校として1979年（昭和54年）4月に開校、1990年（平成2年）に、国際教養科が設置されました。

2007年（平成19年）には中学校が併設・開校され、千葉県内初となる公立の併設型中高一貫教育校として新たな幕が開けられました。

教育方針は「附属中学校を併設する市立の高等学校として千葉市民の期待と要望に応え、次代を担う有為な社会の形成者の育成を目標に、生徒1人ひとりの個性の伸長と能力の開発に努め、心身ともに健全で、連帯を重んじ協調性に富む調和のとれた人間の育成を目指す」であり、この方針に沿って人格の陶冶《とうや》を中心に、3つの校訓（真摯《しんし》・明朗・高潔）が掲げられています。具体的には①苦しさ、厳しさに耐え、ひたむきに人生を生きる誠実で**真摯**な青年の育成。②心身の調和的発達を心がけ、強靭不屈にして**明朗**闊達《かったつ》な青年の育成。③自らを厳しく律し、人間としての尊厳を自覚する**高潔**な青年の育成、です。

教育目標は「生徒1人ひとりの文

陸上競技大会

6月に千葉県総合スポーツセンター陸上競技場で行います。本格的な器具を使用し、クラス対抗で優勝を競いあいます。

昨年、創部6年目で全国大会で優勝しました。メディアにも取りあげられ、毎日厳しい練習に汗を流しています。

ダンスドリル部

武両道の学校生活を充実させ、アイデンティティーの確立を支援して、『確かな学力』『豊かな心』『調和のとれた体力』を培い、国際社会の一員として、自ら発信・行動できる真の国際人を育成する」です。奥山慎一校長先生は「いわゆる〈知・徳・体〉のバランスのとれた、『真の国際人』になってほしいと思います」と話されました。

普通科の内進生と外進生は2年次まで別クラス編成

市立稲毛高は2000年度（平成12年度）から2学期制が実施されています。奥山校長先生は「授業時数を確保し本校の教育目標である『確かな学力』を養うことが、2学期制へ移行した一番の理由です。さらに、特別活動などの充実により、『豊かな心』『調和のとれた体力』を育成することにも活かされています」と説明されました。授業は1コマ50分で、月・水曜日が7時限、火・木・金曜日が6時限で行われています。土曜日に授業はありません。

市立稲毛高には普通科と国際教養科が設けられています。普通科では、国公立大・私立大の入試に対応できる力が養われます。附属中学校からの内進生は2クラス、高校からの外進生は5クラス、1クラスが40名で男女比はほぼ半々です。内進生は中学時に学習の進度が進んでいますので、高校2年次まで外進生とは別クラス編成になります。

習熟度別授業は、1・2年生の数学と英語において内進生、外進生ともに、2クラスを3講座、3クラスを4講座に分けて展開しています。少人数制授業は、英語Ⅰ・Ⅱのリーディングの授業で、2クラスを3講座、3クラスを4講座で行われています。3年次は、希望する進路に合わせて文系、理系に分かれていきます。さらに「本校は5名のネイティブ講師が常駐しており、（アメリカ2名、ニュージーランド・オーストラリア・アイルランド各1名）普通科・国際教養科を問わず日常的に英語に接する環境にあります。普通科の外進生の2年生は、8月に約20名の希望者がアメリカのウッドランズ高校へ行き、12日間のホームステイをして学んできます」（奥山校長先生）

国際教養科ではアメリカ・カナダへ研修

国際教養科は、各学年1クラス40名で国公立大・私立大の文系の入試に対応できる力が養われます。

豊かな国際的教養が身につけられ

飛翔祭（文化祭）

7月に2日間行われ、高校3年生の全クラスが手作りの演劇を上演します。毎年多くの来場者があり、大変にぎわいます。

るように、「地域研究」「外国文芸」「異文化理解」などのユニークな科目を履修します。また、英語によるディベートやプレゼンテーションなどのコミュニケーション活動をすることで、実践的な英語力が養われていきます。授業は英語で行われ、少人数制授業も展開されています。もちろん朝のHRも英語で、学級日誌も英語バージョンが作られています。そして卒業時までに英検2級の取得をめざします。さらに、2年次からは第二外国語（ドイツ語・フランス語・中国語）も学べます。

　海外語学研修も充実しており、2年生全員で10月に、アメリカのラマー高校（テキサス州ヒューストン市）とカナダのハンズワース高校（ブリティッシュコロンビア州ノースバンクーバー市）で約2週間ホームステイをしながら学んできます。「千葉市はヒューストン市とノースバンクーバー市と姉妹都市なので、国際交流をしています。本校では相手校からの受け入れもしています。土曜日は国際交流関係の事前研修など準備を行います。」（奥山校長先生）

先進的な研究で 質の高い授業を提供

　市立稲毛高は、2003年（平成15年）より2期6年間スーパー・イングリッシュ・ランゲージ・ハイスクール（SELHi）に指定されています。

「21年度より、SELHiの後継事業として文部科学省より教育課程改善のための研究開発校の指定を受け、より実践的な英語力とプレゼンテーション能力の育成のためのカリキュラム開発の研究をしてきました。本年度、そのまとめとして、全国から関係職員を招き研究発表を行いました。」（奥山校長先生）

　また、「真の国際人の育成」に向けて、CALL教室も使いながらの英語指導が全校をあげて展開されています。

　12月には福島県にあるブリティッシュヒルズで1年の国際教養科、普通科の内進生全員と外進生の希望者による2泊3日の英語漬け合宿が行われます。これが2年生の海外語学研修へつなげられていきます。

　そのほか学習面でのサポートもしっかり行われています。学校が設定した講座が放課後に毎日用意され、希望者が受講しています。夏期講習も各学年で設けられており、講座によっては、1・2年生がいっしょに受けられる内容のものも用意されています。

海外語学研修・第二外国語

フランス語

ドイツ語

中国語

2年次にアメリカ・カナダへ行き、約2週間ホームステイをしながら国際交流をします。また国際教養科では第二外国語も学べます。

サンフランシスコ・ゴールデンブリッジ

カナダ語学研修

英語合宿

12月に福島にあるブリティッシュヒルズに行きます。建物から食べ物まですべてが英国風で、日本にいながら異文化に触れることができ、生徒たちは国際感覚を身につけています。

充実した進路指導

進路・進学指導も1～3年まで計画的に行われています。『進路の手引き』が生徒に配られ、面談のときなどに活用されます。ここには、卒業生がおすすめの参考書や学校生活で気をつけることなどが載せられています。

個人の成績管理は、定期考査や全国模試などの結果がデータ化され、定点観測がきちんと行われています。進路部による、大学の学部・学科説明会や大学模擬授業などもあり、本人の志望する大学が選ばれていきます。

「学力は、大学入試のためにだけつけるのではありません。10年、20年先もずっと活かせるような学力が求められます。そのためには授業を充実させることが一番大事だと考えています。」（奥山校長先生）

蔵書4万冊の図書館など施設・設備が充実

朋友館（合宿所）、多目的ホール、セミナーハウス、蔵書が4万冊の独立した図書館など、施設・設備も整っています。

国際化した時代のなかで期待され注目される市立稲毛高は、どのような生徒さんを迎えたいのでしょうか。「本校は国際交流を中心として、いろいろな体験をすることが可能な学校です。そういう場面で臆せずに、自ら積極的に行動しようという生徒であれば、本校の教育活動をより活かしてもらえると思います。自発的・自主的な生徒を待っています」と奥山校長先生はにこやかに話されました。

平成23年度大学合格実績（　）内は既卒

大学名	合格者	大学名	合格者
国公立大学		私立大学	
茨城大	2(1)	早大	23(10)
宇都宮大	1(0)	慶應大	3(2)
埼玉大	1(1)	上智大	13(5)
千葉大	7(1)	青山学院大	21(4)
電気通信大	1(1)	中大	15(9)
東京海洋大	1(1)	法政大	56(18)
東京外大	2(2)	明大	29(6)
和歌山大	1(1)	立教大	30(6)
千葉県立保健医療大	2(0)	東京理科大	17(12)
首都大東京	1(1)	その他私立大	610(129)
国公立大合計	19(9)	私立大合計	817(201)

School Data

千葉市立稲毛高等学校

所在地

千葉県千葉市美浜区高浜3-1-1

アクセス

ＪＲ京葉線「稲毛海岸」徒歩15分
ＪＲ総武線「稲毛」バス10分

生徒数

男子431名、女子528名

TEL

043-277-4400

URL

http://www.inage-h.ed.jp/

和田式 教育的指導

足りないところを補っていくことが重要

試験当日まであと1~2週間になり、これからは入試の本番で発揮できる学力が重要になります。

そのためにはまず、第1志望にしている学校の過去問をやってみます。合格者の最低点がほぼ7割と言われている場合で、自分が6割しか取れないときは、あと1割をどうしたら克服できるのかを、これからは考えていくことになります。

各教科の過去問の答え合わせをしてみると、英語では単語でスペルちがいが結構あったり、文法問題でケアレスミスが結構見つかったりするでしょう。また数学では簡単な計算ミス、社会科でも、覚えていたと思っていた問題ができなかったりしているでしょう。

過去問といまの学力を照らし合わせていくことで、どこを伸ばしたらいいかをきちんと把握できるでしょう。

時間はまだあります。いまは受験勉強だけを考えればいいわけですから、しっかりと自分の弱点を分析して、その補強に全力を注ぎましょう。

これからは、短期集中ですから、わかっていないところのために家庭教師をつけることも1つの方法です。短期間に力をつけるためには、手段を選ばないぐらいの考えを持って徹底的に足りない点数を詰めるという作業が大切なのです。

本番での解き方を事前にシミュレーション

入試にあたって本番での戦術を考えておくことも重要です。ここでも過去問を大いに利用しましょう。

まずはすぐ解ける問題から始めるとよいでしょう。その対策として細かな小問や選択問題などをどんどん解く練習をするのです。

この時期の過去問の使い方としては、ただ単に自分の弱点を補強するということだけではありません。いろいろなケースを含めて、本番で制限時間内に点が取れるように、ベストな戦術を事前にシミュレーションして

入試本番が間近になりました。ここで大切なのは、入試直前まで気を許さないことです。

Hideki Wada

和田秀樹

1960年大阪府生まれ。東京大学医学部卒、東京大学医学部附属病院精神神経科助手、アメリカのカールメニンガー精神医学校国際フェローを経て、現在は川崎幸病院精神科顧問、国際医療福祉大学大学院教授、緑鐵受験指導ゼミナール代表を務める。心理学を児童教育、受験教育に活用し、独自の理論と実践で知られる。著書には『和田式　勉強のやる気をつくる本』『中学生の正しい勉強法』『難関校に合格する人の共通点』（新刊）など多数。初監督作品の映画「受験のシンデレラ」がモナコ国際映画祭グランプリ受賞。

シミュレーションをして戦略を立てておけ！

おくことです。そのためには自分流の、問題を解く順番を考えておくのです。

過去問を模擬試験のつもりでやってみて、どのような順番で解いた方が点が取れるのかを見極めましょう。

また、入試では満点でなくても合格できるわけですから、この問題の点数は落としてもよいと、割りきってしまうことも必要です。

緊張したら まずは深呼吸をしよう

試験を受けるまでの作業として入試会場を確認しておくことは大事です。交通機関などのアクセスを事前に調べ、余裕を持って会場まで行けるようにしておいてください。

本番に臨むときの心構えとしては、緊張してしまう人がいるかもしれませんが、なるべくなら平常心で試験を受けられるようにしたいものです。

そうするためには、自分流の対策を作っておくことをおすすめします。基本は深呼吸をすることですが、お守りを見て安心するのであれば、合格祈願をしてそのお守りを持って行きましょう。自分のペットの写真を見るとリラックスできるのであれば、その写真を持っていけばいいでしょう。

また、試験の会場では、みんなが自分より優秀に見えてしまうことがよくあります。逆にみんなもそう見えて緊張しているに違いありませんから、自分だけが緊張しているとは思わないことです。みんなの顔が「カボチャだ」というくらいに考えてしまえばいいでしょう。

このほかに緊張を解く一番いい方法に、滑り止めの学校を利用してみるのもいいかもしれません。本命校を受けるときと同じように、試験会場の雰囲気も体験できます。事前のリハーサルとして位置づけたらいいでしょう。

それでも試験が始まるまで緊張が解けない場合もあるかもしれません。その場合は、まず、やさしい問題を見つけて1題解いてみてください。そうすると緊張感がみるみる下がっていくでしょう。

Point 1 自分を分析して合格点まで持って行け！

試験日までの作業としては、過去問を解いて自分の弱点を分析することだ。どこの部分で点数を落としていて、合格点まで届いていないのかを知ることである。

これからは短期集中だから手段を選ばずに徹底的に足りない点数をつめていけ!!

Point 2 事前に過去問でシミュレーション

試験本番のシミュレーションをすることが必要だ。過去問を利用し、制限時間内で終わらせるような対策をしておこう。おのおの自分の解きやすいやりかたがあるはず！ 自分流の問題の解き方を掴んでおこう！

Point 3 本番ではリラックスしよう！

リラックスと言われてもどうしていいのかわからないだろう。そのためには深呼吸してみよう。それでも落ち着かないときには自分が落ち着くモノを持っていこう。また、滑り止めの学校をリハーサルとして考えてみるのもいいかもしれない。そのくらいの余裕を持とう。

この△RHQを利用して、QRの長さを見つけようというのだが、どうするか。**直角三角形には三平方の定理を使う**という手がある。

△RHQならば、$RH^2 + HQ^2 = QR^2$を使うのだ。つまり、$QR = \sqrt{RH^2 + HQ^2}$という式を使おうというわけだ。

そのためには、RHとHQの長さがわからなければならない。そこからスタートだが、その前に準備がいる。最初に、与えられている条件をしっかりととらえることが大事だ。

(1)「$4 \leqq t < 5$のとき」について

これは、出発してから4～5秒経ったということだね。そのとき、点PはBに到着しているかBを通過している。どっちにしろ、辺BCにある。

点Qはまだ辺BCの上にある。

点Rもまだ辺CAの上にある。

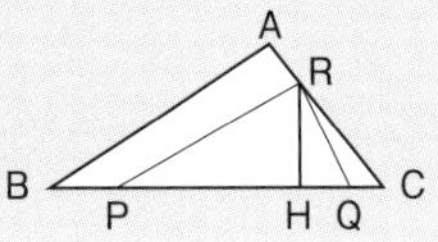

ここで、PとQとの距離をつかんでおこう。PもQも動く速度は同じだ。ということは、PとQはいつも8cm離れているということだ。このPQ＝8(cm)が、ポイントの1つだよ。

(2) QRの長さを知るには、RC, CQ, QH, HP, PR, RHなどの長さを手当り次第に計算するのも、結構いい方法だ。では、やってみよう。まずRHだ。

△PQRの面積は、$RH \times PQ \times \frac{1}{2}$だね。これを使う。

$$\triangle PQR = RH \times 8 \times \frac{1}{2} = \frac{40}{3}$$

$$RH = \frac{40}{3} \div 8 \div \frac{1}{2}$$

$$= \frac{40}{3} \times \frac{1}{8} \times 2$$

$$= \frac{10}{3}$$

RHの長さがわかったので、RCの長さも計算しよう。

△CRHと△ABCは相似だ。なぜなら、

∠RCH＝∠ACB

∠RHC＝∠BAC

2つの角が等しいからだ。

△CRH∽△ABC

∴RC：RH＝BC：AB＝10：8

$$RC : \frac{10}{3} = 10 : 8$$

$$RC = \frac{25}{6}$$

このRCの長さを知るのが大きなポイントだ。というのは、これで「$4 \leqq t < 5$」のtがわかるからだ。

RCは点RがCを出発して動いた長さだね。そして、Rは毎秒1cmの速さで動くのだから、RCが$\frac{25}{6}$ということは、出発してから$\frac{25}{6}$秒経ったということだ。つまり、$t = \frac{25}{6}$なのだ。

tがわかるとBQがわかる。QがBを出発して$\frac{25}{6}$秒後にいるところは、$2 \times \frac{25}{6} = \frac{25}{3}$で、Bから$\frac{25}{3}$cm離れたところだ。言い換えると、$BQ = \frac{25}{3}$であり、ここからCQの長さもわかる。

$$CQ = BC - BQ = 10 - \frac{25}{3} = \frac{5}{3}$$

次にCHの長さを計算しよう。もう一度、△CRH∽△ABCを思い出せばいい。

CH：RH＝AC：AB＝6：8

$$CH : \frac{10}{3} = 6 : 8$$

$$CH = \frac{10}{3} \times 6 \div 8$$

$$CH = \frac{5}{2} = 2.5$$

ようやくHQの長さがわかる。

$$HQ = CH - CQ = \frac{5}{2} - \frac{5}{3} = \frac{5}{6}$$

これで最終目的であるQRの長さがでる。あとは三平方の定理を用いるだけだ。

$$RH^2 + HQ^2 = QR^2$$

$$QR^2 = \left(\frac{10}{3}\right)^2 + \left(\frac{5}{6}\right)^2$$

$$= \frac{100}{9} + \frac{25}{36}$$

$$= \frac{3600 + 225}{324}$$

$$= \frac{3825}{324}$$

$$= \frac{15^2 \times 17}{18^2}$$

$$QR = \frac{15\sqrt{17}}{18}$$

$$= \frac{5\sqrt{17}}{6}$$

正解　$\frac{5\sqrt{17}}{6}$ cm

かなり、手強い問題だったろう。やはり、トップクラスの難関校では、難しい問題がいくつも出る。といっても、絶対に正解しなければならない、というわけでもない。なぜなら、難関校といえども、基礎的な問題もよく出す。そういう問題をきちんとこなすことが大事だ。

むしろ、基礎的な問題を100%ミスなく答えられる人は意外に少ない。いたずらに難解な問題ばかり解いていても、「労多く、益少なし」という結果になるかもしれないのだ。

※このページは33ページから読んでください。

まずこの△ABCの特徴に気がついただろうか。3辺の長さが$6:8:10=3:4:5$の三角形は直角三角形だ。これを頭にしっかり入れておこう。

さて（1）。「$0<t<4$のとき」ということは、0～4秒たったときということだ。そのとき、毎秒2㎝で動く点Qは、辺BC上のどこかにあるし、毎秒1㎝で動く点Rは辺CA上のどこかにある。

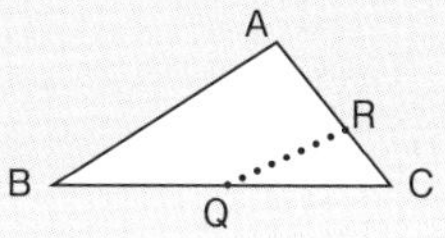

そして、QR⊥CAだから、∠QRC＝90°だね。ということは、QRはABと平行だ。つまり、式で表せば、

QR⊥CA　AB⊥CA

∴QR∥AB

ここから△ABCと△CQRは相似だと、すぐわかるね。この相似であることを利用して、このときのtの値を計算しよう。

まず、BQとCRの長さを確認しておこう。

$BQ=2t \quad CR=t$

△ABCと△CQRは相似だから、

$$CB:CA=CQ:CR$$
$$5:3=(10-2t):t$$
$$5t=3(10-2t)$$
$$5t=30-6t$$
$$11t=30 \qquad \therefore t=\frac{30}{11}$$

正解　$\frac{30}{11}$

次は（2）。t秒後に、点PはAから$2t$（㎝）離れたところにあるし、点RはCからt（㎝）離れたところにある。

△APRは、∠PAR＝90°の直角三角形だから、その面積（$AP\times RA\times\frac{1}{2}$）は、$2t\times(6-t)\times\frac{1}{2}$だ。

それが8(㎠)だから、

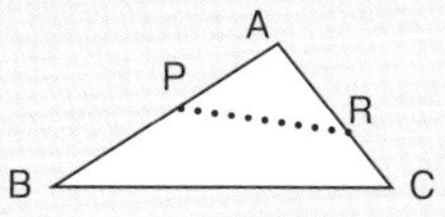

$$\triangle APR=2t\times(6-t)\times\frac{1}{2}=8$$
$$-t^2+6t=8$$
$$t^2-6t+8=0$$
$$(t-2)(t-4)=0 \qquad \therefore t=2,4$$

$0<t<4$だから、$t=4$は除外する。　　A. $t=2$

ここで、点P, Q, Rの位置を確認しておこう。出発して2秒後だから、PはAから4㎝離れたところにあり、QもBから4㎝離れたところにあって、RはCから2㎝離れたところにある。整理すると、AP＝4、BP＝4、BQ＝4、CQ＝6、CR＝2、AR＝4だ。

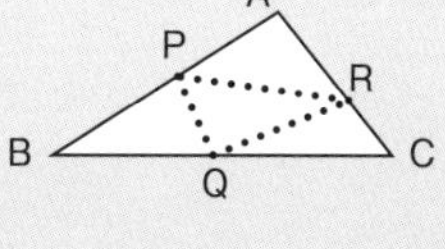

さて、△PQRの面積は、△ABCから△APR, △BQP, △CRQを引いた広さだね。つまり、

△PQR＝△ABC－(△APR＋△BQP＋△CRQ)

ということだから、△APR, △BQP, △CRQの面積を計算しよう。△APRは簡単だ。

$$\triangle APR=AP\times AR\times\frac{1}{2}=4\times4\times\frac{1}{2}=8$$

△BQPはやや面倒だ。PからBQへ垂線PLをおろす。PL⊥BQになる。そうすると、

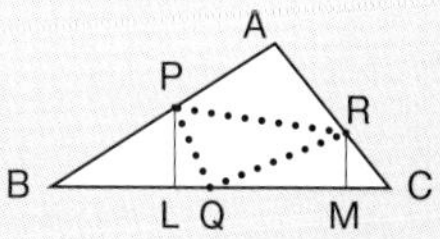

∠LBP＝∠ABC

∠BLP＝∠BAC

2つの角が等しいから、△BLPと△ABCは相似だ。

$$\triangle BLP \backsim \triangle ABC \quad \therefore PL:BP=AC:BC=6:10$$
$$PL\times10=BP\times6$$
$$PL=4\times6\div10$$
$$=2.4$$
$$\triangle BQP=BQ\times PL\times\frac{1}{2}=4\times2.4\times\frac{1}{2}=4.8$$

△CRQも同じように考えるといい。RからCQへ垂線RMをおろす。RM⊥CQになる。そうすると、

∠MCR＝∠ACB°

∠RMC＝∠BAC

2つの角が等しいから、△MRCと△ABCは相似だ。

$$\triangle MRC \backsim \triangle ABC \quad \therefore RM:RC=AB:BC=8:10$$
$$RM:2=8:10$$
$$RM=8\times2\div10$$
$$=1.6$$
$$\triangle CRQ=CQ\times RM\times\frac{1}{2}=6\times1.6\times\frac{1}{2}=4.8$$

これで、△APR, △BQP, △CRQの面積が判明した。

$$\triangle PQR=\triangle ABC-(\triangle APR+\triangle BQP+\triangle CRQ)$$
$$=24-(8+4.8+4.8)$$
$$=24-17.6$$
$$=6.4$$

正解　6.4㎠　　※$\frac{32}{5}$㎠でもよい

最後の(3)。これはややこしい。QRの長さを答えるにはどうすればよいか。それを最初に考えなければ、時間ばかりかかって、頭が混乱するだけだ。

この問題は△ABCが素材だ。△ABCは直角三角形だね。決め手はこの直角三角形である。わからなくなったら、自分で線（補助線）を引いて直角三角形を作ってみるのが、非常に有効なのだ。

まず、問われているQRを1辺とする直角三角形を作ろう。点RからPQへ垂線RHをおろす。RH⊥PQだ。こうすれば、直角三角形RHQができる。

※このページは33ページから読んでください。

$a = 25$ ならば、

これは、正解だともうわかっている。

$a = 35$ ならば、

$a^2 - a = a\ (a - 1) = 35 \times 34 = 1190$

以下、表にしてしまおう。

a	45	55	65	85	95
$a(a-1)$	45×44 $= 1980$	55×54 $= 2970$	65×64 $= 4160$	85×84 $= 7140$	95×94 $= 8930$

1980, 2970……どれも100の倍数ではない。だから正解にならない。やはり、正解は $a = 25$ だ。

正解　$a = 25$

数学の得意な人には、説明がくどく感じたかもしれない。「くどすぎる！」と思った人のために口直しの問題を取り上げよう。『サクセス15』の読者の多くが受験する慶應義塾の出題だ。

x, y についての連立方程式を解く問題がノートに書いてある。しかし，汚れていて読めない係数があるので，それを a とすると $\begin{cases} 3x - 2y = 17 \\ ax - 4y = 45 \end{cases}$ という問題である。係数 a は整数で，解 x, y はいずれも正の整数であるというが，この問題を解くと，解は $x =$ □，$y =$ □であり，読めない係数 a は□だとわかる。　（慶應義塾）

これはかなりの難問だ。じっくりと説明しよう。

$3x - 2y = 17$……①

$ax - 4y = 45$……②

まず、①を2倍する。

$6x - 4y = 34$……③

②から③を引く。

$$\begin{array}{rr} & ax - 4y = 45 \\ -) & 6x - 4y = 34 \\ \hline & (a - 6)x = 11 \end{array}$$

$$x = \frac{11}{a-6} \cdots\cdots ④$$

x は正の整数だから、$\dfrac{11}{a-6}$ も正である。式にすると、

$\dfrac{11}{a-6} > 0$

$11 > a - 6$

$11 + 6 > a$　　$\therefore a < 17$……⑤

x は正の整数だから、$\dfrac{11}{a-6}$ も整数だ。だから、11は $(a - 6)$ で割り切れる。

11は素数だから、11は1か11でしか割り切れない。

1で割り切れるなら　$a - 6 = 1$　　$\therefore a = 7$

11で割り切れるなら　$a - 6 = 11$　　$\therefore a = 17$

だが、$a = 17$ は上に記した⑤に反する。$a = 7$ が正しいことになり、これを用いて x, y を解こう。

$3x - 2y = 17$……①

$7x - 4y = 45$……②'

①を2倍する。

$6x - 4y = 34$……③

②'から③を引く。

$$\begin{array}{rr} & 7x - 4y = 45 \\ -) & 6x - 4y = 34 \\ \hline & x = 11 \end{array} \cdots\cdots ④$$

④を①に代入すると、

$(3 \times 11) - 2y = 17$

$-2y = 17 - 33$

$-y = -8$

$\therefore\ y = 8$

正解　$x = 11$　$y = 8$　$a = 7$

おや、まだ紙数が余っている。では、もう1題追加しよう。私立校の問題ばかりだったから、国立大付属校にする。東京学芸大学附属だ。

図は AB = 8 cm，BC = 10 cm，CA = 6 cmの△ABCである。

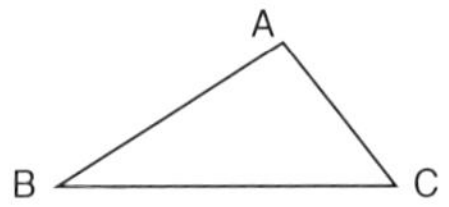

点Pは点Aを出発して△ABCの辺上を，A→B→C→Aの向きに毎秒2 cmの速さで進む。

点Qは点Bを出発して△ABCの辺上を，B→C→A→Bの向きに毎秒2 cmの速さで進む。

点Rは点Cを出発して△ABCの辺上を，C→A→B→Cの向きに毎秒1 cmの速さで進む。

3点P, Q, Rが同時に出発してから t 秒後について，次の各問いに答えなさい。

(1)　$0 < t < 4$ のとき，QR ⊥ CA となる t の値を求めなさい。

(2)　$0 < t < 4$ のとき，△APRの面積が8 cm²となる t の値と，そのときの△PQRの面積を求めなさい。

(3)　$4 \leqq t < 5$ のとき，△PQRの面積が $\dfrac{40}{3}$ cm²となるときのQRの長さを求めなさい。

（東京学芸大附属）

(1) (2) はそれほどでもないけれど、(3) は手強いぞ。では、始めよう。

TASUKU MASAO

教育評論家 正尾佐の

高校受験指南書

六拾参の巻

今年出た難しい問題3

数学

今号は「今年出た難しい問題」の第3回目であり、同時に3年生のみんなにとってはこの連載が最終回ということになるね。数学の得意な人、難関校をめざしている人が、今号の問題を解いて有終の美を飾ろう。

ん？「有終の美ってなんだ？」だと！　ありゃりゃ、数学が得意でも国語が苦手なのかな。有終の美というのは、『物事をやり通し、最後を立派に成し遂げること』をほめていう。

君たちも、第1志望校に合格し、3月の卒業のときもただ卒業式で君が代を歌って終わりというのではなく、先生たちから「ああ、今年の3年生はこんなにすばらしい生徒たちだ…」と心を動かすような卒業行事を企画し、実行できたとしたら、そういうのを「有終の美を飾る」というんだ。

さて、東邦大付属東邦の問題だ。

> a^2-aが100で割り切れるとき，2けたの正の奇数aを求めなさい。　（東邦大付属東邦）

あっさりした問題文だね。さあ、どう考えるといいだろうか。できるなら、ここで読むのをやめて、自分の頭で考えてみるといい………………どうだい、解けたかな。

解き方はいろいろあるが、一番易しい方法で解くとこうなる。

まず、問題文を次のように分けよう。

・a^2-a

・a^2-aは100で割り切れる

・aは2けたの正の奇数

(1)「a^2-a」からわかること。

$a^2-a=a(a-1)$ だね。$a-1$はaよりも1だけ少ない数だ。もし$a=2$なら$a-1=1$だ。

$a(a-1)$ は、a×(aよりも1少ない数)、ということだ。

(2)「100で割り切れる」からわかること。

100で割り切れる数は、例えば100がそうだ。それだけでなく、200もそうだし、300も400も500もだ。つまり、a^2-aは100の倍数ってことだね。

では、逆に100はどんな数で割り切れるだろうか？（倍数がわかれば、必ず約数も確かめよう）。

100の約数は？　100はどんな数で割り切れるか？　すぐにわかるね。

$100=2\times2\times5\times5$だから、2, 4, 5, 10, 20, 25, 50で割り切れる。a^2-aも（100の倍数だから）、2, 4, 5, 10, 20, 25, 50で割り切れるということだ。これがポイントだよ！

(3)「2けたの正の奇数a」からわかること。

aは奇数。だから、2, 4, 10, 20, 50では割り切れない。割り切れるとしたら、5か25だ。

もしaが25で割り切れるなら、aは2けたの奇数だから、aは25, 75のどちらかだ。

もしaが5で割り切れるなら、25と75以外では、15, 35, 45, 55, 65, 85, 95のどれかだ。

数の少ない25の方から確かめてみよう。

$a=25$ならば、

$$a^2-a=a(a-1)=25\times24=600$$

600は100の倍数だ。これだ！　もう答えがわかってしまった。正解は$a=25$だ。

いやいや、念のために75も確かめよう。

$a=75$ならば、

$$a^2-a=a(a-1)=75\times74=5550$$

5550は100の倍数でないから、正解にはならないね。これで決まり！

いやいや、まだまだだ。5で割り切れる場合も確かめてみよう（本当は5で割り切れる場合は、考える必要はないのだが、もっとも易しく考える方法ならば、一応確かめるクセをつけておいた方がいい）。

$a=15$ならば、

$$a^2-a=a(a-1)=15\times14=210$$

ぼくは取り返しのつかないことをしてしまった

机に入っていた手紙

教科書を机のなかから取り出したそのとき、はらりとなにかが床に落ちた。

見慣れない薄桃色の封筒だ。

「ああっ！」と思わず声を出してしまった。みんな自習をしていて、しんと静まりかえっていた教室にぼくの声が大きく響いてしまった。ぼくに注目が集まる。

「ああ、ゴホンゴホン。あ、ゴホン」

と無理やり咳払いでしたよと、なんでもありませんでしたよとアピールしてその場をつくろった。

その封筒を見た瞬間に、ぼくにはそれがだれからの手紙でどんな内容が書かれているのかが想像できた。だから、つい大声を出してしまったのだ。「ああ、ぼくは取り返しがつかないことをしてしまった」と自責の念にかられ、怖くてその封筒をすぐに拾うことができなかった。

みんなの注目が去ってしばらくしてから、ぼくはそっと床に落ちた封筒に手を伸ばし、周りに気づかれないように拾って教科書の間に挟んだ。そしてさらに読んでいるところを見られないように大きめの教科書を広げて立て、ついたてのようにしてから封筒を開いた。

案の定、手紙は富士原からだった。

宇津城くんへ

試験はどうでしたか？　きっと大丈夫ですよね。

私は父の都合で、急にカナダに立つことになりました。本当はちゃんと卒業してから行きたかったのだけど…。

きちんとお別れもしたかったけれど、入試前にかき乱すようなことはしたくなかったから、このお手紙を書きました。

合格を祈っています。頑張ってね。

P．S．パーティーできなくなっちゃったね。ごめんなさい。

富士原　諒子

「富士原！」

ぼくは声にならない叫びを、心のなかであげた。やっぱりそうだった。富士原からこんな時期に手紙が来るってことは、そういうことが起こっていたに決まってる。ぼくはいてもたってもいられなくなり、ガタタッと音を立てて椅子から立ち上がると、教室を飛び出して富士原のクラスの教室へと走った。左手に富士原の手紙を握り締めて。

「富士原！」

教室の扉をガラッと開くと、ぼくは大きな声でそう呼んだ。授業の真っ最中である。数学の教師がチョークで黒板に書いている途中だった。クラス中の生徒がぼくの闖入《ちんにゅう》に驚いて、こちらを見ている。

「お前、なんだ？　授業中だぞ!?」

数学の東田先生が、怒りながらぼくのところへ向かって来た。

「あの、富士原はいますか？」

「あん？　だから授業中だっつーの！」

東田はいつになく強気だ。それがぼくを怒らせた。

「先生に用はねーよ！　富士原はいるかって聞いてんだろ！」

「なんだその態度は!?　お前何組だ？」

「オレが何組かは関係ねーだろ！　富士原はいるかって聞いてんだよ！」

ぼくは必死に食い下がった。

「富士原？　ああ、外国に転校した富士原か？　お前あれか、好きだった子がいなくなったのを知ってってやつか！　ワハハ！　かわいそうにな！」

クラス中からクスクスと笑いがこぼれ始めた。

「だが、残念ながらいまは授業中だ！　先ほどの発言と授業妨害は、失恋のショックが原因ということで許してやるから、いますぐ教室に帰るんだな！」

そう言うと東田先生はピシャリと扉を閉めた。

やっぱりか――。そうだ。もう富士原に会うことはできない。

目の前で閉ざされた扉が、ぼくと富士原を断絶する障壁のように思えた。怒りで右のこぶしを振り上げた…。しかしそのこぶしを振り下ろすことができなかった。ぼくにはそんなことをする資格がない。ぼくが、ぼく自身が富士原のことを放っておいたのだから。ぼくはうなだれて、とぼとぼと自分のクラスへと戻った。

教室に戻るとクラスメイトたちが奇異の目でぼくを迎えた。ぼくはそれらの視線に気づきながらも鉄面皮《てつめんぴ》を装って堂々と自分の席に向かい、座った。

宇津城センセの受験よもやま話

宇津城 靖人先生

早稲田アカデミー　特化ブロック副ブロック長 兼
ExiV西日暮里校校長

「宇津城、お前どしたの？　その手紙、なに？」

クラスのリーダー的存在である斉藤晋也が隣に来て尋ねてきた。ぼくは握っていた手紙をサッと机のなかに入れた。

「…いや、なんでもないんだ。…すまん。ちょっと放っておいてくれないか…。」

「…そうか。悪かったな、変なこと聞いて。みんな『どうしたんだろう』って心配に思ったからさ…。」

そう言って、晋也は自分の席に戻った。いい奴だなあ。晋也。ごめん。いまのぼくには人に富士原のことをイチから説明するような精神的な余裕が、ない。

ぼくは、机の上に開いて立ててあった教科書を手にとってボーっと眺めた。国語便覧だ。芥川龍之介のページが開かれていた。『蜘蛛の糸』『羅生門』『地獄変』…。

これらの作品名を見て、頭のなかにおどろおどろしい光景が浮かび始めた。じめじめして陰惨な夜の暗闇に、真っ赤な鳥居と醜悪な老婆が浮かぶ。燃え盛る牛車の炎がそれらを赤く照らす。なぜだか鳥居から蜘蛛の糸が垂れ下がり、カンダタが牛車の炎の真上でその糸にぶら下がっている…。ぼくはその奇怪なイメージから抜け出したくて、適当に便覧のページをめくった。すると太宰治のページが開かれた。『パンドラの匣』『人間失格』。…嫌だ。もう一度ページをめくると今度は三島由紀夫のページ…。ああ、大作家のみなさん、どうして自決なんかされたんですか。将来に対する漠然な不安からですか？　生まれてごめんなさいって思ったんですか？　クーデターに失敗したからですか？　ぼくは、いま、自分自身の怠慢のために友だち以上になれたかもしれない友だちと不本意な別れを迎えてしまい、同じような気持ちになっています…。

チャイムが鳴った。中3はもう給食もなく、半ドンで帰宅することになっていた。担任が教室に来てSHRが始まった。担任は入試がほぼ終わったということと、卒業式の練習がどうのといった話をしているようであったが、ぼくはまったく集中しておらず、話のほとんどが右から左に抜けていってしまった。面倒くさくていい加減に聞き流しているうちに、SHRが終わった。

放心状態で帰宅

帰り道のことはあまり覚えていない。なんだか頭がボーっとして、的確な判断力すらなかったと思う。途中、富士原のクラスの生徒とすれ違って、さっきのぼくの行動（彼らからすると奇行）についてヒソヒソと陰口を叩かれたりしたような気もするが、まあ、そんなのどうでもいい。いや、むしろ自分を侮蔑して欲しかった。ぼくは自分で自分を叱りつけたかった。入試だからという理由で、いなくなることがわかっていた友だちを放っておいた自分を。もう、取りかえしがつかない別れを迎えてしまった自分を。

いつのまにか家に着くと、なんだかひどく疲れていた。精神的なショックが大きいと、ぼくはいつも眠くなる。体が疲労を感じるのと同じように、精神も疲労する。そして、眠ると精神力も回復することが経験からわかっていた。今は疲れてMPが1しかないと思う。もうホイミすら唱えられない。こんなときは眠るに限る――。ぼくは布団にもぐりこんだ。

気づいたら、真夜中だった。深夜3時過ぎ。ぼくは布団から起きあがると、室温の低さにブルッと震えた。

布団から飛び出してファンヒーターのスイッチを押すと、すぐに布団のなかにもぐった。十数秒後にヒーターに火がつく音がした。ファンが回って温かい風が吹き出してくる。…お腹が空いた。どうやら空腹で目が覚めたらしい。ぼくは部屋が暖まるまで待ってから起きあがると、ドテラを羽織り、なにか食べ物を探るためにキッチンへ向かった。

キッチンにはぼくの夕飯は残されていなかった。棚に備蓄しておいたカップめんがあったことを思い出し、ぼくはやかんに水を入れて火にかけた。お湯が沸くまでの数分間、寒いのでガスの火にあたっていた。カップめんにお湯を注ぐと、それを持って自分の部屋へ戻った。できあがったカップめんをすすりながら、「東京のカップめんがいいんだよ！」と祥子が言っていたことを思い出した。明日、祥子に電話してみよう。そう思いながら、ぼくはなるとを口に入れた。

東大入試突破への現国の習慣

田中 利《とし》周《かね》先生

早稲田アカデミー教務企画顧問

東京大学文学部卒。東京大学大学院人文科学研究科修士課程修了。文教委員会委員。現国や日本史などの受験参考書の著作も多数。早稲田アカデミー「東大100名合格プロジェクト」メンバー。

慇・懃・無・礼?! 今月のオトナの四字熟語「本末転倒」

このコーナーで繰り返し強調しているのは、「読解力を身につけるためにはオトナにならなくてはいけない！」ということですよね。国語の読解では、議論の前提となるべき「共通の理解」が求められます。

そこで必要となるのは、「他人と違わない」ことにこそ照準を合わせ、妥協点を探ろうとする態度です。「このあたりでいかがでしょうか？」とおおよその線で折り合いをつけようとするスタンス。これをオトナの態度と呼んでいるのでしたね。このスタンスを別名「中庸」とも言うことは、何度か連載で取り上げてお話したことがありました。『論語』を著した孔子はこう言っています。「中庸は徳の至れるものなり」と。「何事もやり過ぎてはいけない。そうかと言って遠慮し過ぎるのもよくない。ほどほどに行動するということが、最高の人徳というものである。」これぞ、オトナの中のオトナ（笑）というモデルとなるわけですが、このことをどうも勘違いして受けとめている向きがあるのではないかと思い、今回はここで注意を促しておきたいのです。もしこんな中学生がいるとしたら、皆さんはどう思いますか？

「そうか、何事も〈ほどほどに〉が重要なのか。ではテスト勉強も、ほどほどにしておいてマンガでも読もうかな。」

こうした態度が、端的に「間違い」であることはお分かりでしょう。読解におけるスタンスの話が、いつの間にか生活態度に摩《す》り替わっている！ と。しかしながら、この中学生を、筆者は責めることができません。なぜならば、確かに皆さんに対して、「ほどほど」というあり方を推奨してきましたから。バランスを考えて行動することがオトナの生き方であると。皆さんも早くオトナになりましょうね、と。読解におけるスタンスと生活態度を混同していたのは、むしろ筆者の方でもあるのです。

ですからそれを、「中学生の勘違い」などと言って間違いを指摘するだけでは、何の解決にもなりません。問題を真摯に受けとめるべきは、むしろ筆者である私の方であると、反省した次第です。そのことを踏まえて申し上げますから、しっかりと聞いてくださいね。いいですか？ バランスを意識した生活はもちろん大切ですが、それが過ぎるあまりに、自分自身の行動や取り組みが消極的になってしまっては、本末転倒なのです！

はい、出ました。今月の四字熟語「本末転倒」。「物事の根本的なことと、そうでないことを取り違えること」を意味するこの言葉を取り上げたのは、これが言いたかったからなのです（笑）。

さて、孔子の弟子に子路という人物がいます。とても威勢が良く元気満々なのですが、少々思慮に欠ける人物でした。そんな子路に対して、孔子は「過ぎたること」の改善を促していました。しかし、ただ注意するだけではなく、こうも言っているのです。「中庸の道を行けなかったら、思慮不足でも操を守る片意地な者がいい」と。つまり、バランスを重視してもうまくいかないのであるならば、いっそのこと理想を高く掲げ、必死になってことに当たっていくことも、また徳であると言うのです。

このことを踏まえて皆さんに申し上げます。「読解のスタンス」としては、オトナを目指して中庸を心掛けるべきですが、「中学生の生活態度」としては、目標に向かって突き進んでいく道を選ぶべきである、と。「ほどほどに」などと言って「事なかれ主義」に陥ってはいけません。常に、最高の自分を目指すこと！ を自己指針として、積極的かつ毅然とした態度で生きていきましょう！ 全力でことに当たらなくてはなりませんよ。本末転倒を厳に戒めてくださいね。

国語

Japanese

プレッシャーをはね返すための秘策は、他を圧倒する練習量をこなすことです！

田中コモンの今月の一言!!

グレーゾーンに照準！今月のオトナの言い回し「どや顔」

「どや顔」の「どや」とは関西地方の方言で「どうだ！」という意味になります。ですから「どや顔」とは「自慢げな顔をすること」を意味することになりますね。今回このコーナーで取り上げたのは、「どや顔」が平成二十三年の「新語・流行語大賞」にノミネートされた言葉だからです。おそらく来年には廃れているでしょうから（笑）、旬の言葉についてもこのコーナーで、たまには取り上げてみたいと思ったのが理由の一つです。

ちなみに大賞に選ばれたのは「なでしこジャパン」でした。昨年の夏に行われた女子サッカーのワールドカップはまだ記憶に新しいところですね。準々決勝でドイツを、準決勝でスウェーデンを破り、決勝でアメリカをPK戦の末破って初優勝を果たしたサッカー日本女子代表チームの「愛称」が「なでしこジャパン」ですよね。こうして記事を書いているだけでも、あの興奮がよみがえってくるようです。

さてさて閑話休題。今回「どや顔」をこのコーナーで取り上げた最大の理由は、「自慢げな顔をすること」で有名な、ある人物のことを皆さんに語りかけたかったからです。さて、誰が思い浮かぶでしょうか？　芸能人ではありませんよ。その人物とは、体操男子の内村航平選手です。彼の演技後の「どや顔」は、何度もマスコミに取り上げられて話題になっていましたので、皆さんもご存知ではないでしょうか。

昨年の秋、ロンドンオリンピックの予選を兼ねた体操の世界選手権が東京で開催されました。そこで内村航平選手は史上初の個人総合三連覇という快挙を成し遂げました。この偉業に対して、体操男子の立花泰則監督は次のようなコメントを残しています。

「体操競技の技の高難度化が進む中で失敗はつきものとも言えるが、実力が拮抗した中国を上回るには、失敗を減らすしか道はない。ヒントは内村の練習過程にあると思う。内村は数年後の自分の姿を描き、それを実現するために必要なことを考えた上で、他を圧倒する練習量をこなす。」

ぜひ理解してくださいね。「失敗しない」という結果を導くためには、圧倒的な練習量が大前提となるということを。「他と比べても自分はこれだけやったんだ！」という自信の裏づけがあってはじめて、文句のない結果がたたき出せるのだということを。結果に対して「自慢げな顔」を示すことができるというのは、思い描いた自分の姿が、まさにその結果と重なったからであるということを。

多くの観客、そして世界の選手が注目する中でプレッシャーをはね返し、百パーセントの実力を発揮するためには、普段から百二十、百五十パーセントの練習を積み重ねておかなければなりません。「他を圧倒する練習量」とはこういう意味なのです。

皆さんは耳にしたことがありませんか？「私は緊張し過ぎるたちで。本番に弱いのです。」なんていう言い訳を。そこから透けて見えるのは「許して欲しい」という弱い心です。「実力は、そこそこあるつもりなのだが…プレッシャーに弱いために、本当の自分の力を発揮できない」と言い訳しているワケです。それが、内村選手の「どや顔」からは、最も遠い位置にいることになるというのは、もうお分かりでしょう。はっきりと言ってやるべきです。「本番に弱い？それは練習量や努力が足りなかっただけということだろう！」と。稽古不足に対して、「本番」の幕は決して待ってはくれません。皆さんは「どや顔」の裏に秘められている圧倒的な努力量について、しっかりと想像力を働かせられるようになってください！

楽しみmath 数学!DX

登木 隆司先生
早稲田アカデミー
城北ブロック　ブロック長
兼 池袋校校長

<解き方>

(1)　底面の円の半径をrとすると、$r=18\times\frac{60}{360}=3$(cm)
底面の円の中心をHとすると、$OH\perp AB$。よって、三平方の定理より、$OH=\sqrt{18^2-3^2}=3\sqrt{35}$(cm)
したがって、図2の円すいの体積は、
$\frac{1}{3}\times9\pi\times3\sqrt{35}=9\sqrt{35}\pi$ (cm^3)

(2)　扇形OACと合同な扇形OCDを図のように並べて書くと、2周目の線を扇形OCD上に表すことができ、AとMを結ぶ最短の線は、図の線分AMとなる。ここで、AOの延長に点Mから垂線を引き、交点をIとすると、△OMIは30°、60°の角を持つ直角三角形である。

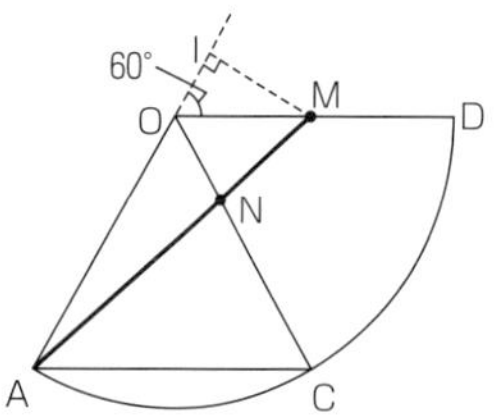

よって、OM=9より、$IO=\frac{9}{2}$、$IM=\frac{9\sqrt{3}}{2}$
△AMIにおいて三平方の定理より、
$AM=\sqrt{\left(\frac{45}{2}\right)^2+\left(\frac{9\sqrt{3}}{2}\right)^2}=9\sqrt{7}$ (cm)
また、点Aと点Cを結ぶと、△OACは正三角形だから、AC=18cm、∠OCA=60°
△CANと△ONMにおいて、2組の角がそれぞれ等しいので、△CAN∽△OMN
よって、CN：ON=CA：OM=18：9=2：1
ゆえに、$CN=\frac{2}{3}OC=\frac{2}{3}\times18=12$(cm)

最後に球の問題も見ておきましょう。

問題4

右の図のように、すべての面が、1辺の長さ3cmの正三角形である六面体ABCDEがある。この六面体の内部に、すべての面に接している球があるとき、次の各問いに答えよ。

（明治大学付属明治）

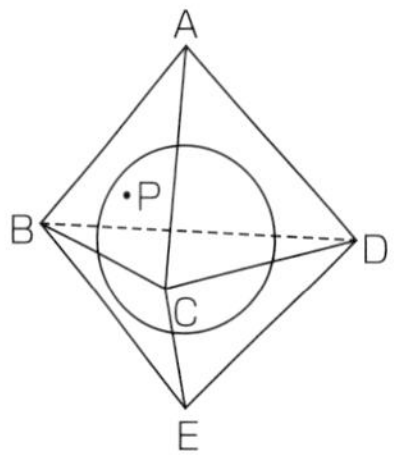

(1)　頂点Aから△BCDにひいた垂線の長さを求めよ。
(2)　球の半径を求めよ。
(3)　球が面ABCに接する点をPとするとき、六面体ABCDEと三角すいPBCDの体積の比を最も簡単な整数の比で表せ。

<考え方>

六面体ABCDEは、正四面体を上下に2つくっつけた形になっています。

図1

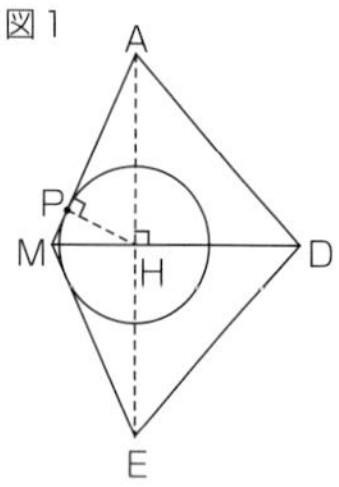

<解き方>

六面体ABCDEは、面BCDについて対称であるから、内接する球の中心は面BCDにある。また、この中心は辺BC、CD、DBから等距離にあるため、直線AE上に位置し、結果△BCDの重心と一致する。

右上の図1は、BCの中点をMとし、問題の立体を面AMEDで切断した図で、線分AEと線分DMの交点をHとすると、点Hが内接球の中心である。

(1)　$AE\perp DM$となるので、求める垂線の長さは線分AHの長さである。
線分AM、DMは、1辺の長さが3cm正三角形の中線だから、$AM=DM=\frac{3\sqrt{3}}{2}$
また、点Hは△BCDの重心だから、$MH=\frac{1}{3}DM=\frac{\sqrt{3}}{2}$
よって、$AH=\sqrt{\left(\frac{3\sqrt{3}}{2}\right)^2-\left(\frac{\sqrt{3}}{2}\right)^2}=\sqrt{6}$(cm)

(2)　球の半径は、図のPHと等しく、△AMH∽△AHPより、AH：PH=AM：HM=3：1だから、
$PH=\frac{1}{3}AH=\frac{\sqrt{6}}{3}$(cm)

(3)　△AMH∽△HMPよりAM：MH=HM：MP=3：1
よって、AM=3MH=3×3MP=9 MP
これより、△ABC=9△PBCだから、正四面体ABCDと三角すいPBCDの体積は、点Dを頂点と見ると高さが等しいので、その体積の比は9：1。よって、六面体ABCDEの体積は、四面体ABCDの体積の2倍であるから、六面体ABCDEと三角すいPBCDの体積の比は18：1。

今回も、先月の問題と同様に相似と三平方の定理が大いに活躍します。これらの定理を正しく使うためにも、手早く適切な図が書けることが重要です。問題に書かれている図に必要な図を付け加えるだけで解けるものもありますが、図を書く手間を惜しんで、勘違いやミスを犯すことは避けなくてはいけません。ぜひ、先月と今月の問題を練習材料として、立体問題の解き方のコツをつかんでください。

数学
Mathematics

相似と三平方の定理を活用した空間図形問題②

今月も引き続き、空間図形について学習していきます。はじめに回転体の体積を求める問題です。どれが軸となっているかを確認したうえで、見取り図を書いて考えましょう。

問題1

右の図形を，辺ABを軸として1回転したときにできる立体の体積を求めなさい。ただし，円周率はπを用いることとする。

（千葉）

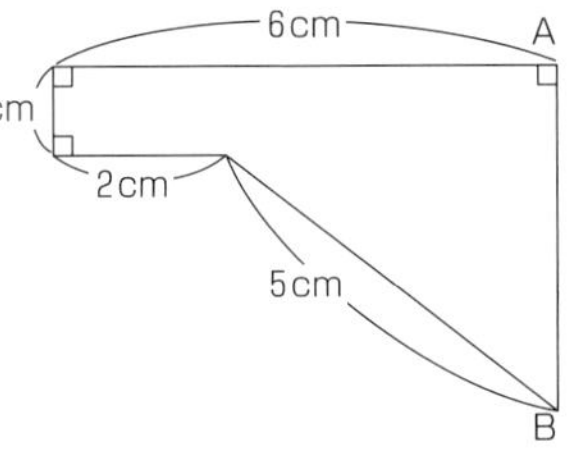

<解き方>

図1

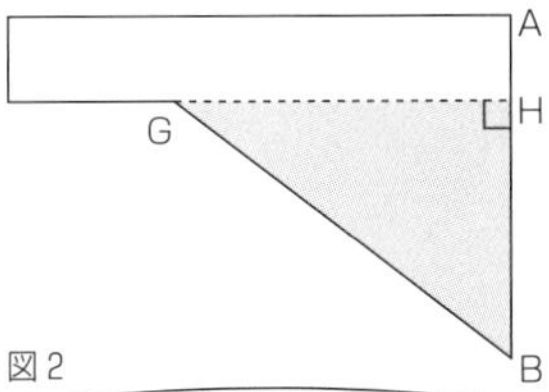

図2

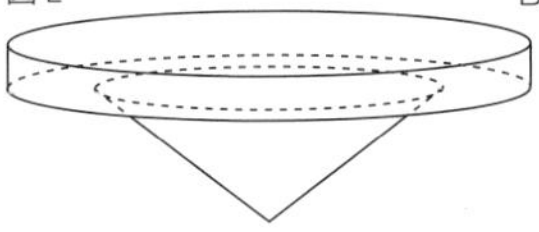

右の図1のように、頂点Gから辺ABに垂線を引き、交点をHとすると、GH=4cmだから、三平方の定理より
BH=3cm

よって、1回転してできる立体は、図2のように、底面の半径6cm、高さ1cmの円柱と、底面の半径4cm、高さ3cmの円すいを組み合わせたものだから、その体積は、

$36\pi \times 1 + \frac{1}{3} \times 16\pi \times 3 = 52\pi\,(\mathrm{cm}^3)$

続いて、展開図を組み立てたときの立体の体積を求める問題です。ここでも、適切な見取り図を書いて考えることが大切です。

問題2

右の図は、四面体PQRSの展開図である。4つの面はすべて合同な二等辺三角形で、PQ=2、PR=QR=$\sqrt{6}$ のとき、この四面体の体積を求めよ。

（大阪星光学院）

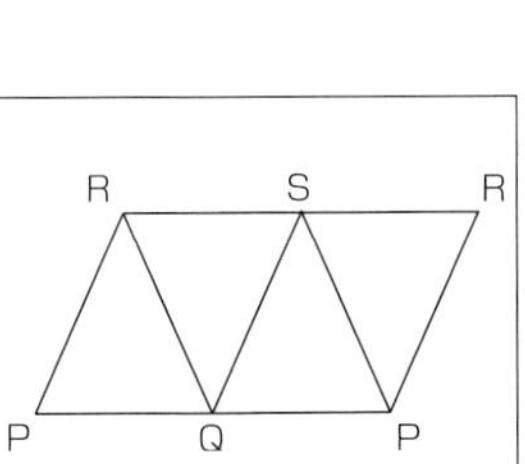

<解き方>

辺PQの中点をMとすると、△PQRと△PQSは合同な二等辺三角形だから、RM⊥PQ、SM⊥PQ
よって、PQ⊥面MRS

また、△PRMにおいて三平方の定理より、
RM=SM=$\sqrt{(\sqrt{6}\,)^2-1^2}=\sqrt{5}$

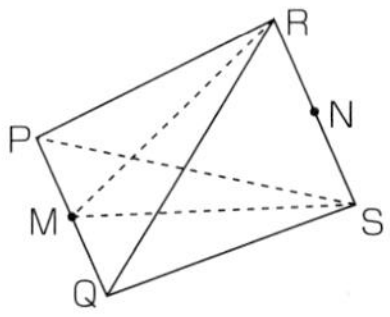

辺RSの中点をNとすると、△RMSにおいて、MN⊥RSより
MN=$\sqrt{(\sqrt{5}\,)^2-1^2}=2$

以上より、求める四面体の体積をVとすると、△RMSを底面、PQを高さとして、

$V=\frac{1}{3}\times\frac{1}{2}\times RS\times MN\times PQ\frac{1}{3}\times\frac{1}{2}\times 2\times 2\times 2=\frac{4}{3}$

円すいの展開図の問題も見ておきましょう。

問題3

図1

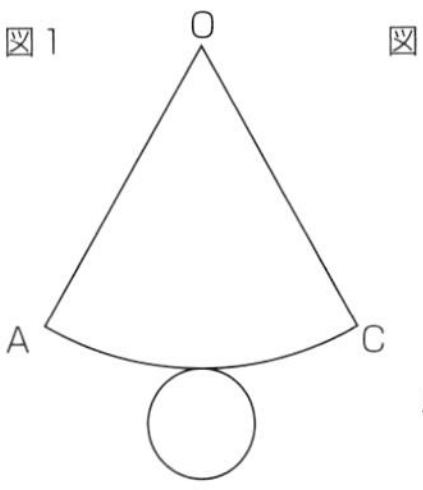

図2

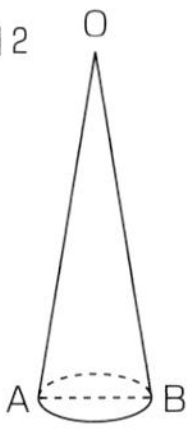

図3

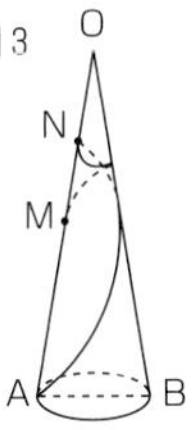

右の図1は、円すいの展開図で、扇形OACの中心角は60°、OA=18cmである。
また、図2は、図1の展開図を組み立てできた円すいで、底面の直径をABとした図である。（都立国立・改）

(1)　図2の円すいの体積は何cm^3か。

(2)　図3は、図2において、母線OA上にAM=9cmである点Mをとり、点Aから円すいの側面上を2周して点Mにいたる最短の線を引き、最短の線が側面上を1周したときに、母線OAと交わる点をNとした場合を表している。このときの点Aから点Mにいたる最短の線の長さは何cmか。また、母線OA上における線分ANの長さは何cmか。

<考え方>

(1)　図1の展開図において、扇形の弧ACと底面の円周が等しいので、扇形の半径(母線の長さ)をl、中心角をa、底面の円の半径をrとすると、

$2\pi l\times\frac{a}{360}=2\pi r$　より　$r=l\times\frac{a}{360}$　が成り立ちます。

(2)　先月の問題2と同様に、立体の表面上の最短距離は、側面の展開図を書いて考えます。ここでは、側面を2周しますので、同じ側面を2枚並べて書くのがポイントになります。

川村 宏一 先生
早稲田アカデミー
教務部中学課 上席専門職

サクセス出版 英語ことわざ辞典

There is no time like the present.

今回のことわざは、おなじみ ‘there is ～’ 構文を使っている。

「～があります」と表現するときに使われる ‘There is ～.’ だけど、その文型がわかるかな？ じつは［S+V］の第1文型として扱われるんだ。このとき主語は、‘There is’「～があります」のうしろにくる名詞になる。文頭に置く ‘There’ が主語［S］だと思われがちだが、‘There’ 自体ははっきりした意味を持たない。よって ‘There+V（be動詞）+S（名詞）’ で第1文型の［S+V］とは順番が逆にはなるが、第1文型に変わりはないのだ。

さて、主語は、前述のとおり ‘no time’ だ。否定語の ‘no’ があるので、‘There is no time’「時間がない」となる。

‘like the present.’ は、みんなも知っている単語ばかり使われているけど、「プレゼントが好き」と訳したら不正解。‘like’ は動詞の「～が好き」という意味以外に、前置詞として使われるときがある。その場合「～に似た…、～のような…」という意味になるんだ。‘I like apples.’ と ‘fruits like apples’（リンゴのような果物）の違いに注意。

さて、なにに似ているかというと、‘the present’ に似ているというのだ。この ‘the present’ は、この文章では贈り物という意味ではなく、「現在、いま」という名詞として使われている。

日本語訳をすれば、‘There is no time like the present.’（いまと似たような時間はない）となるのだが、日本のことわざにあてはめると、どうなるかな。「いまはいまだ、同じ瞬間は二度とない、だからぐずぐず考える前に行動しよう」といった感じだろうか。つまり、日本のことわざでは「思い立ったが吉日」ということだ。

あれこれ悩みや不安なことはつねにあるかもしれないが、思い切って行動してみたらうまくいくこともあるものだ。ポジティブ思考で前に進んでみよう！

There is no time like the present.

something extra

名詞 ‘present’ は同義語 ‘gift’ のような「贈り物」という意味以外に、「現在、いま」という意味を持つ。‘at present’ で ‘now’ と同様「現在、いま、目下」などの意味を表す。いっしょに ‘in the future’「未来の」や、‘in the past’「過去の」も覚えてしまおう。

Success18

春夏秋冬四季めぐり

早稲田アカデミー高校部Success18 その1年間を季節の変化とともに追いかけます。

久津輪 直先生

早稲田アカデミー
サクセスブロック副ブロック長兼
Success18渋谷校校長

開成・早慶附属高校合格者を多数輩出してきた早稲田アカデミー中学部が誇る、傑出した英語教師。綿密な学習計画立案と学習指導、他科目講師とチームとなって連携指導する卓越した統率力を、高校部門Success18校長として着任後も、遺憾なく発揮。2011年春の入試では、渋谷1校舎約130名の高3生から、東大22名、早慶上智大97名という歴史的快挙を達成。週末は、現役の開成必勝担当者として、その辣腕をふるっている。

夏のはじまり

『夏の学習手帳』めざせ400時間学習

夏は受験の天王山。この季節の中心である夏休みは、とりわけ充実したものにする必要があります。

高校生の夏休みも、中学生や小学生とだいたい同じです。7月第3月曜日の海の日の前後から、8月の終わりまでの約40日。40日の期間を活かすも殺すも生徒のみなさん次第であり、自立した管理が求められています。

私たちSuccess18では、つい流されてしまう夏の甘い誘惑に打ち克つため、毎年夏には『夏の学習手帳』を配布しています。現状の自身の成績を書き込み、それぞれの科目の夏の課題、今後の偏差値目標、具体的な日ごとの学習計画記入欄など、夏の40日間を一時たりとも無駄にはしないために工夫を凝らしたSuccess18謹製特別手帳です。夏休みを迎えるにあたって、配布された手帳に生徒たちは自ら学習計画を書き込み、授業担当講師に提出します。担当講師は、その1つひとつに具体的な助言をし、場合によっては、似たような課題や志望をもつ過去の生徒の学習手帳のデータを参照しながら、緻密に、また的確に、生徒とともに計画を練りあげていきます。

夏休みを40日間と仮定し、高校3年生は1日10時間、合計400時間の学習をめざします。400時間という設定は、通常の学校がある場合の自主学習時間に比べ、格

段の違いがあります。普段の日常における自主学習は1週間にせいぜい20時間が限界です。これが4週間で1カ月に80時間。こうしてみると、夏休み40日間の自主学習時間は、通常の5カ月分。極端に言ってしまえば、約半年分の勉強が、夏休みのうちにできてしまう計算になります。この機会を、逃がすわけにはいきません。

また、生徒の高校が夏休みに入ると同時に、Success18の夏期講習会も開始されます。1日3時間を3日間、合計9時間の講義を1つの単位として、8月前半までに4ターム。8月中盤からも4タームあります。例えば高校3年生TopWin,Tクラスの英文読解の講座は、3時間×3日間の講義を、2ターム、すなわち18時間受講することになります。通常期の授業では、1カ月で合計6時間ですから、夏期講習の授業だけで、通常期の3カ月分の内容を学ぶことができます。夏の自主学習時間と同様、夏期講習会は、自身の学力を飛躍的に高めるための絶好の機会だといえます。

早稲アカ名物 夏期合宿

サクセスの総力が結集する聖地—苗場

夏期講習会の前半も終了した8月前半。ここまでくると、早稲田アカデミーの代名詞ともなり、そしてまた、充実した夏の学力伸長の最大の鍵となるイベント、夏期合宿はもうすぐそこです。

高校部門であるSuccess18では、高校2年生、および、高校3年生の生徒を対象とし、真夏でも冷涼な気候をたたえた、新潟県苗場の地におもむきます。

高校2年生は約200人、高校3年生は約700人という規模で開催され、例年8月8〜12日まで、4泊5日のスケジュールで実施しています。

夏期合宿の醍醐味は、なんといっても、その徹底的に組み立てられた勉強プログラム。1日約10時間の勉強を繰り返し、期間

中、合計約40時間、机に向かい続けます。苗場という、日常の都会の暮らしとは離れた、いわば、「山中異界」ともいうべき環境に身を置き、同じ志をともにした生徒、選び抜かれた傑出した講師陣、充実感たっぷりの教材に囲まれると、素直に、自分自身と向き合い、その課題と目標を意識し、おのずとペンが走り出します。その爽快感、駆動するおのれの知性を、ぜひとも感じとって下さい。

７００人を誇る高校3年生の合宿では、Ｓｕｃｃｅｓｓ18の最上位生のみならず普段Ｓｕｃｃｅｓｓ18に通うことのできない全国各地の優秀生も参加。日本を代表する知的精鋭たちが集結した約１００名の大教室は、まさに圧巻。立ち込める熱気は、東西最高峰の知性がぶつかりあう知的闘争の場であり、そしてまた、ともに最難関大学合格を奪取せんとする志でむすばれた、温かい友愛の温度なのです。

この熱き学びの場に、みなさんもぜひ、加わってもらいたいと思います。

本格的模擬試験開始

東大必勝模試
早慶大必勝選抜模試に挑戦

夏休みを迎える7～8月にかけては、高校3年生を対象とした各種模擬試験が開催されます。東大をめざす受験生に欠かせないのが、東大模試。夏の時期に第1回目、11月に第2回目が開催されます。駿台予備校・河合塾・代々木ゼミナールといった大手予備校が行うもののほかに、早稲田アカデミーでも独自の問題を作成し、開催しています。例年、7月末に代々木ゼミナール、8月前半に河合塾、中盤に駿台予備校が実施。理想的には3つすべてを受験し、参照情報を増やすことで、自らの実力をより客観的に分析することが望まれます。長時間にわたり、学力が拮抗するライバルと机を並べて受験する模擬試験は、体力面においても、心理面においても、普段の授業とは違った格段の効果を生み出すものであり、受験生にとっては、欠かすことのできない貴重な経験となります。

早稲田アカデミー主催の東大模試においても、精密な採点とともに、偏差値、今後の学習ポイントの提示を行い、また、試験実施後すぐに、問題作成担当講師が自ら解説講義を行なっています。

8月の後半には、秋から開講される週末の特別講座である「早慶大必勝講座」のための選抜試験が実施されます。早慶大必勝講座は、早大・慶應大などの、国内最難関私立大学合格をめざす生徒からなる特別選抜講座で、例年、各校舎を代表する俊英が、ここから早慶上智などへと巣立っていきます。私立最難関をめざす全員があこがれる講座の選抜とあって、生徒たちは真剣そのもの。その合否発表は、さながら、大学入試本番の発表を思わせる緊張感にあふれています。

こうして、高校3年生は、本物の受験生へと変貌を遂げるのです。

サクセス名物講師紹介

Ｓｕｃｃｅｓｓ18を代表する各科教師を紹介します。

白濱裕司先生

数学科

ご存じ、早稲田アカデミーNO.１数学講師。その能力開発の方法論、得点力獲得にこだわる徹底した実戦主義、システマティックな講義内容などは他の追随を許さない。その担当する講座から毎年2桁の東大合格者を常勝させる手腕は、難関高校に通う生徒たちからも、絶対の信頼を勝ち得ている。

週末の特別講座では、東大必勝の数学講座を担当するのみならず、中学部の開成必勝数学講座にも登場。白濱先生の講義で数学に目覚め、開成高校に合格、合格後もＳｕｃｃｅｓｓ18で数学を学び、ふたたび3年後に東大入試に合格、というストーリーは、もはや常識になりつつある。

田中良平先生

英語科

東大必勝、早慶大必勝の英語講座をすべて務め、高校3年生英語科カリキュラム・教材策定も兼任。池袋校・渋谷校の特別選抜クラスであるＴｏｐＷｉｎ,も担当する、Ｓｕｃｃｅｓｓ18英語科の理論的支柱。卓抜した語学力を活かし、語源学・統語論・形態論などの、英語学の専門諸分野を横断しつつ、文学や歴史学などの周辺領域も巻き込む学際的講義を展開。最上位生を中心に絶大な支持を集めるとともに、徹底を極める成績管理と効率的学習法により、受講生の学業成績を例外なく上昇させる方法論にも比類なき定評をもつ。東大をはじめとする最難関大学の合格数・合格率において、例年全講座を先導する実績を残し、２０１１年入試において、サクセス渋谷校舎東大22名合格達成へと結実したのは、もはや必然といえるかもしれない。

次回の季節は秋。9～11月までを扱います。いよいよ、大学受験を向かえる高校3年生、また、受験生に生まれ変わる高校2年生、中だるみの甘い誘惑との闘いが待ち受ける高校1年生、それぞれの時間を追いかけながら、豊饒な実りの秋とするための方法をお伝えします。

ミステリーハンターQの 歴男 歴女 養成講座

ミステリーハンターQ
（略してMQ）……… 米テキサス州出身。某有名エジプト学者の弟子。1980年代より気鋭の考古学者として注目されつつあるが本名はだれも知らない。日本の歴史について探る画期的な著書『歴史を掘る』の発刊準備を進めている。

……… 山本 勇
中学3年生。幼稚園のころにテレビの大河ドラマを見て、歴史にはまる。将来は大河ドラマに出たいと思っている。あこがれは織田信長。最近のマイブームは仏像鑑賞。好きな芸能人はみうらじゅん。

春日 静 ………
中学1年生。カバンのなかにはつねに、読みかけの歴史小説が入っている根っからの歴女。あこがれは坂本龍馬。特技は年号の暗記のための語呂合わせを作ること。好きな芸能人は福山雅治。

日英同盟

110年前、イギリスと日本の間で締結された日英同盟。当時の世界情勢と同盟の調印から廃棄までの経緯を学ぼう。

勇 今年はロンドンでオリンピックが開かれるけど、日英同盟が結ばれてから110年なんだね。

MQ 1902年に締結されたから、そうなるね。

静 なんで日本とイギリスが同盟を結んだの？

MQ 結論から言うと、ロシアの南下政策に対抗するためだね。ロシアはいまも昔も強国だけど、日清戦争で日本が勝ってから、清国が弱ったことに目をつけて、いまの中国東北部（旧満州）に進出を図ったんだ。当時のイギリスは中国に権益を持っていたから、ロシアの南下政策は脅威に映ったんだね。

勇 日本にも脅威だったの？

MQ ロシアは冬でも凍らない港（不凍港）を求めていたから、中国東北部の遼東半島や朝鮮半島にも強い関心を示した。そうなると、日本はロシアと直接対峙することになるから、強い恐怖感を持ったんだ。

静 そこで、日本とイギリスの利害が一致したのね。

MQ それだけじゃなくて、日本は中国におけるイギリスの権益を認め、イギリスは朝鮮半島における日本の権益を認めるというような、お互いの利益承認も行われた。

勇 メリットはあったの？

MQ 2年後の1904年に日露戦争が起こったけど、イギリスはロシアのバルチック艦隊の航行にさまざまな障害を発生させるなどして、日本の勝利に間接的に寄与したんだ。

静 日英同盟はいつまで続いたの？

MQ 締結されたときは、期間は5年だったけど、10年に延長され、最終的には1921年の四カ国条約の締結によって、1922年に廃棄されるまで続いた。20年間にわたる同盟だったんvだね。

勇 その間、第一次世界大戦があった。

MQ そうだね。日英同盟は攻守同盟といって、一方が他の国と戦争状態になった場合、参戦することが義務付けられていた。イギリスは第一次世界大戦で、2カ国以上と戦争状態になったため、日本は同盟に従って、連合軍として参戦、ドイツが租借していた中国の青島（チンタオ）に陸軍を、地中海に海軍を派遣したんだ。

静 でも第二次世界大戦では敵と味方に分かれたのよね。

MQ 日英同盟は20年続いたけど、廃棄から19年で日英は戦争することになった。同盟を締結した人たちはさぞ残念だったろうね。

あれも日本語 これも日本語

やばい

「やばい」という言葉は、みなさんもよく使っているでしょう。「寝坊した。やばい遅刻だ」「明日テストだけど、なんの勉強もしてないからやばいよ」なんてね。

意味は「具合が悪い」「危険」「不都合」といったところかな。江戸時代の後期にはすでに話されている言葉で、語源ははっきりしないんだけど、一説によると、江戸時代の「矢場」から来ているともいう。

「矢場」とは射的場のことで、庶民の娯楽の場所。的《まと》があって、客が数メートル離れたところから、おもちゃみたいな弓で矢を射る。的に当たると、矢場女《やばおんな》と呼ばれる女性が太鼓をたたいて「あたーりー」と叫び、賞品がもらえるというもの。ときには賞金であったりした。いってみれば射幸心《しゃこうしん》をくすぐるギャンブルみたいなものだから、手持ちの金を使い果たす者もいたし、矢場女に貢いでしまう男性もいたというわけだ。

ということで、「矢場」に頻繁に通うようになると危険だという意味で、「やば」に形容詞を表す「い」を付けて「やばい」という言葉ができたという。

本来は、犯罪人やばくち打ちなどの、どちらかというとアウトロー的な人々の間で使われる言葉だったが、明治時代以降は一般の人々も使うようになった。日本統治時代の韓国でも使われ、現代の韓国人も「やばい」をそのままの意味で使うこともあるんだ。

この「やばい」に変化が始まったのは1980年代から。「かっこ悪い」という意味にも使われるようになった。「あの子の服装、ちょっとやばい」といった感じかな。

それがいい意味の「すごい」という意味に変化したのは1990年代かららしい。「彼の運動神経はやばいよ」といえば、褒めているのだ。さらに2000年ごろからは「すばらしい」「かっこいい」の意味が加わった。

「このケーキやばいよ」と言えば、「とてもおいしい」の意味だし、「あの子のファッションはやばい」は「かっこいい」の意味だ。

言葉は生き物だから、こうして日々変化していくんだね。「やばい」の意味はこれからも変化していくかも。

みんなの数学広場

問題編

中1～中3までの各問題に生徒たちが答えています。
どの生徒が正しい答えを言っているか当ててみよう。
もちろん、当てずっぽうじゃなく、実際に問題を解いてみてね。

TEXT BY かずはじめ

数学を子どもたちに、楽しく、わかりやすく、使ってもらえるように日夜研究している。好きな言葉は、“笑う門には福来たる”。

●答えは48ページ

中3

$\sqrt{2}$や$\sqrt{3}$を無理数と言います。

$\frac{5}{6}$や$\frac{6}{2}=3$などは有理数と言います。

いま、$a>0$、$b>0$として

$\sqrt{a}$、$\sqrt{b}$が異なる無理数とします。

このとき$\sqrt{a}-\sqrt{b}$は無理数です。

では、$\sqrt{a}\times\sqrt{b}$、$\sqrt{a}\div\sqrt{b}$、$\sqrt{a}+\sqrt{b}$のうち、

いつも無理数になるのは？

答え A→ $\sqrt{a}\times\sqrt{b}$

見ればわかるよね～。

答え B→ $\sqrt{a}\div\sqrt{b}$

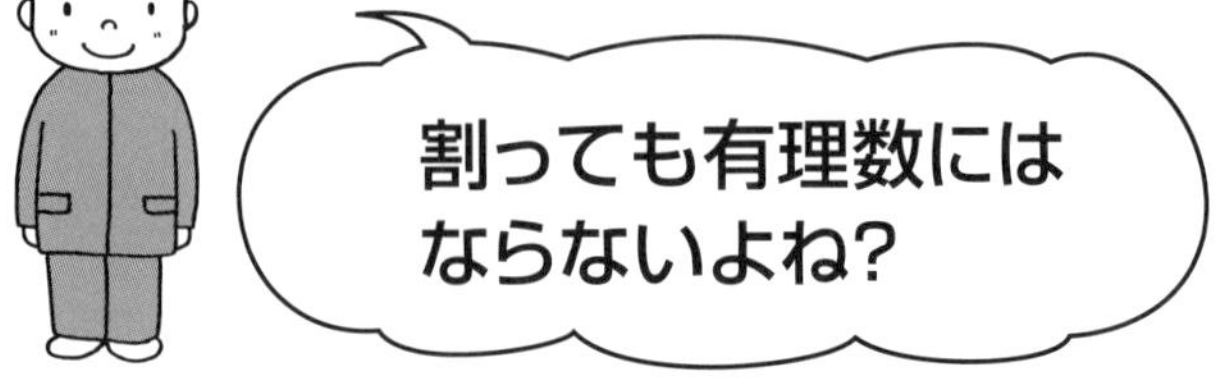
割っても有理数には
ならないよね?

答え C→ $\sqrt{a}+\sqrt{b}$

実際に足してみよう。

中2

xとyの連立方程式
$$\begin{cases} 2x+y=3 & \cdots ① \\ ax+y=3 & \cdots ② \end{cases}$$
の答えは？

答え

Ⓐ→ (x,y)＝たくさんの可能性

aがわからないから、
いろいろ答えがあるんじゃない?

答え

Ⓑ→ (x,y)＝解けない

aがわからないんだから
解けないでしょう。

答え

Ⓒ→ (x,y)＝(1,2)

①は計算できるからね。

中1

定価100円の商品があります。
これを、A店では購入する個数にかかわらず8%割引で
販売しています。
一方、B店では、10個目までは定価のままですが、
11個目からは定価の12%引きで販売しています。
何個買ったとき、A店、B店の購入価格は同じになりますか。

答え

Ⓐ→ 20個

A店を中心に考えればいいんだ。

答え

Ⓑ→ 25個

B店が基準になるから…。

答え

Ⓒ→ 30個

普通に計算すればこうなるでしょう。

みんなの数学広場

解答編

中3

正解は 答え **C**

例えば、$\sqrt{2}$、$\sqrt{3}$は異なる無理数ですね。

$\sqrt{2}+\sqrt{3}$はこれ以上計算ができないので無理数です。

どの無理数でもこうなりますね。

答え A を選んだキミ

$\sqrt{2}\times\sqrt{8}=\sqrt{16}=4$だね。
見るだけじゃダメだよ。

答え B を選んだキミ

$\sqrt{2}\div\sqrt{8}=\sqrt{\frac{1}{4}}=\frac{1}{2}$で、
割っても有理数になるよ。

中2

正解は　答え A

①−②を計算すると$(2-a)x=0$
ここで、$a \neq 2$だと、$x=0$に決まりますが、
$a=2$だと、$0\times x=0$
で、これを満たすxはいろいろあります。
つまり、たくさんのxがあるということになります。

答え B を選んだキミ

諦めるのが早過ぎる!

答え C を選んだキミ

①は満たしているけれど…。

中1

正解は　答え C

x個購入するとします。
A店でこれを買うと…
8%割引きですから1個92円で、合計は$92x$（円）　…①
B店でこれを買うと…
10個は定価、10個以外の$x-10$個は12%割引の1個88円で、
合計は$10\times100+(x-10)\times88=88x+120$(円)　…②
①、②が等しいので、①=②、つまり　$92x=88x+120$
$4x=120$　$x=30$
30個購入のときは、両店とも同額になります。

答え A を選んだキミ

なぜAが中心なの?

答え B を選んだキミ

思い込みはよくないね。

先輩に聞け!
大学ナビゲーター

立教大学

異文化コミュニケーション学部3年

新目《あらため》美菜海《みなみ》さん

いいライバルがいて目標があったから頑張れた

留学が終わってもヨーロッパ各国を旅行

——どうして異文化コミュニケーション学部を選択したのですか。

「高校生のころ、大学に入ってやりたい勉強が思い浮かびませんでした。そこでなにがしたいか考えていると、絶対に留学はしたいと思っていたので、留学ができる立教大の異文化コミュニケーション学部を見つけて受験しました。」

——いつ留学したのですか。

「2年の後期に留学しました。異文化コミュニケーション学部は留学することが必修になっていて、私はアイルランドを選択しました。英語圏ではなくても、第2外国語で選択するスペインやフランス、スイス、ドイツ、中国、韓国などにも留学ができます。

留学先では、世界各国から集まった留学生たちと、向こうの大学でいっしょに学びます。ですから仲良くなって、いまでも連絡を取り合っています。」

——どうしてアイルランドを選択したのですか。

「ヨーロッパに行ってみたかったのと、簡単に行けないところだと思ったので選びました。

行ってみると、アイルランドは水道水も飲めるし過ごしやすかったので、住みたくなりました。他の人は、ホストファミリーによって料理がおいしくなかったりもしたらしいですけど、私のホームステイした家庭は料理もおいしくて、太りました(笑)。

そして、3カ月の留学が終わったあとアイルランドからパリ、ローマ、モロッコ、チェコ、ハンガリーを1カ月間旅行して帰国しました。

留学先のアイルランドにいるときに、片道1000円くらいの格安航空券を自分で探して予約しました。宿泊したホテルも、ハンガリーでは一泊700円くらいでした。」

——1人で旅行したのですか。

「同じ学部の友だちが各国に留学しているので、その国で待ち合わせをして旅行しました。そして友だちと別れて、次の国にいる友だちと待ち合わせしてといった感じでした。本当に楽しかったですね。

あまりに安い航空券なので、プロペラ機だったらどうしようかと思っ

立教学院諸聖徒礼拝堂(チャペル)
1918年に竣工し、実際に結婚式も行われている。キリスト教徒ではなくても、立教学院の出身であれば式を行うことができる。

ていましたが、問題なかったです。」

――旅行で一番の思い出はなんですか。

「モロッコのサハラ砂漠の星空がきれいで一番よかったですね。また、ヨーロッパ全体が悪天候のときで飛行機が飛ばなくて、空港泊も2回しました。普通はつらいと思うんですが、むしろ楽しかったですね。

　ほかにも3年生の夏休みに約3週間、船と列車を乗り継ぎ、中国のウイグル自治区に行きました。毎日、モンゴルの遊牧民のゲル（移動式住居）でご飯を食べて寝泊まりしながら、カザフスタン人の家を訪問したりしていました。参加した人たちのほとんどが下痢になってしまって大変でした。しかもトイレがないので、トイレットペーパーを持って、その辺の物影などでしていました(笑)。」

――今後行きたい国はありますか。

「今後はブータンや南米にも行ってみたいです。そして将来は世界一周をしてみたいです。」

――サークルや部活はなにか入っていますか。

「高校のとき、吹奏楽部をやりきったので、大学に入学したらアカペラサークルに入ろうと思っていました。当時、テレビ番組に出ているグループがいて人気があり、応募人数が多くて抽選になり漏れてしまいました。それで落ち込んでいたところ、チラシを貰った陶芸部に1年間入部しました。でも轆轤《ろくろ》で陶器を作るのが難しくて、諦めて手でこねた作品を作ってました。

　2年次は後期から留学と旅行の計画があったので、前期はお金を貯めるため、大学以外はアルバイトばかりしていました。」

社会科学系図書館
経済学部、経営学部、社会学部、法学部、異文化コミュニケーション学部などの関連した研究資料、約31万冊が所蔵されている。

自分の意志で志望校を決めよう！

――アルバイトはなにをしていますか。

「塾で主に英語と国語を教えています。自分の意志で決めた志望校がある生徒は、言われなくても勉強するんです。しかし、親から勉強するように言われた生徒は、目標がないから勉強しないんですよ。そういう生徒と面接をして、まずは勉強を始めるところまでもっていくのが大変ですね。」

――新目さんが志望高校に入ろうと思ったきっかけはなんですか。

「友だちのお姉さんの定期演奏会を見に行って、高校に入ったら『吹奏楽部に入ろう』と思ったのがきっかけです。」

――では最後に受験生にアドバイスをお願いします。

「志望高校でやりたいことがあると、それに向けて頑張れるので、したいことを見つけて頑張ってください。

　あと私の場合は中学時代にいいライバルがいて、お互い切磋琢磨できたことが、志望高校合格といういい結果につながったと思います。」

モロッコ・ワルザザート
のティフルトゥトにて

教えてマナビー先生

世界の先端技術

バーチャル飛鳥京

現地に立って見回すことで、飛鳥時代の様子を実感することができる（写真提供:東京大学池内研究室・アスカラボ）

プロフィール

日本の某大学院を卒業後、海外で研究者として働いていたが、和食が恋しくなり帰国。科学に関する本を読んでいると食事をすることすら忘れてしまうという、自他ともに認める“科学オタク”。

現実の世界のうえに仮想の飛鳥京を合成

京都や奈良に行ったことがあるかな。中学生なら修学旅行で訪れたかもしれないね。京都や奈良には古い建物がたくさん残っているけれど、火事や戦争、地震などで失われてしまった文化財もたくさんある。

現存していても色がくすんでしまった建物も多い。これらも建てられた当時は朱や金箔が輝く建物だったんだ。

東大の池内克史教授のグループが研究している「バーチャル飛鳥京」は、実際の地形のうえにＣＧ（コンピュータグラフィックス）で、当時の建物などを合成し、失われた建物を見られるようにしようというものだ。

従来のバーチャル・リアリティ（仮想現実）と呼ばれていた装置とは異なり、現実の世界と仮想世界の融合を目的とするのが、この研究だ。具体的にはHMD(ヘッドマウントディスプレイ)と呼ばれる頭部装着型のメガネのような装置をかけて、見えている現実の世界のうえにCG（コンピュータ・グラフィックス）で描いた仮想物体を合成し、重ねて見えるようにするものだ。

従来のＣＧアニメーションではコンピュータの画面が必要だったけれど、ＨＭＤを装着して見る「バーチャル飛鳥京」では、現地で実際の地形に合わせて映像が合成されるから、立体的でわかりやすく、まさに臨場感にあふれたものになる。

実際の風景とＣＧの合成を自然に見せるためには、コンピュータの処理にも時間がかかる。大まかな処理をあらかじめ作成しておき、建物などの影を、太陽の位置や見る人の頭の動き、視線に対応して発生させる方法を開発し、リアルタイムに自然な影をつくることに成功したんだね。

飛鳥時代のきれいな彩色の建物を、その場で、しかもこの目で見られるなんて信じられないね。

「バーチャル飛鳥京」は、すでに何年かの実験が行われて、いろいろな成果が発表されている。いまは野原になってしまっているところに、お寺などだけでなく、当時の人たちが画面に表れて街を歩いている姿を見ることができるようになったり、史実にある戦いのシーンなども見られるようになるそうだ。

単に古い建物を見るだけの観光や研修も、これからは変わってくるかもしれないね。

聖徳太子にも会ってみたいな。

Success News

サクニュー!!
ニュースを入手しろ!!

Success15
2012年2月号 　**第24回**　産経新聞
編集委員 **大野敏明**

| 注目 | 政治 | 経済 | スポーツ | 科学 | 文化 | 生活 |

➡ **今月のキーワード**

iPS細胞

　iPS細胞という言葉を聞いたことがあると思います。京大の山中伸弥教授が2006年に開発した人工多能性幹細胞のことで、英語の頭文字をとってiPS細胞と呼ばれています。

　昨年はアメリカやヨーロッパで特許を認められ、ノーベル生理学・医学賞に最も近い研究と言われています。

　人間は約60兆個の細胞によって構成されています。

　しかし、最初は受精卵という１つの細胞でした。受精卵は母親の胎内で分裂を繰り返して、心臓や肝臓、皮膚等の組織に育ち、やがて赤ちゃんに育っていくわけです。

　いったん心臓などの組織になった細胞は元には戻りません。しかし、山中教授が開発したiPS細胞は、受精卵のように、どのような組織の細胞にもなり得る夢の細胞のことなのです。

　簡単に言うと、患者から細胞を取り出し、それに３種類か４種類の特定の遺伝子をウイルスに乗せて埋め込みます。そうしてできたiPS細胞を、例えばケガをした皮膚に植え込むと、皮膚が再生されるという仕組みです。ダメージを受けた組織を再生することができるのですから、まさに夢の医療と言えます。

　iPS細胞による組織再生が実用化されると、心筋がボロボロになって、いつ心停止してもおかしくな

い心臓に、iPS細胞を植え込むことで、健康な心臓を再生させることもできるようになります。患者自身の細胞を使うため、臓器移植のような拒否反応を起こす心配もありません。

　ただ、問題がありました。それは植え込んだ細胞ががん化しやすいということでした。しかし、この問題も山中教授らのグループは、動物実験などでクリアしたとしています。

　もし、このようなことが可能になれば、人類は多くの病気から解放されるだけではなく、これまで治療法がなかった難病についても、その発生のメカニズムを明らかにしたり、治療法を確立することが可

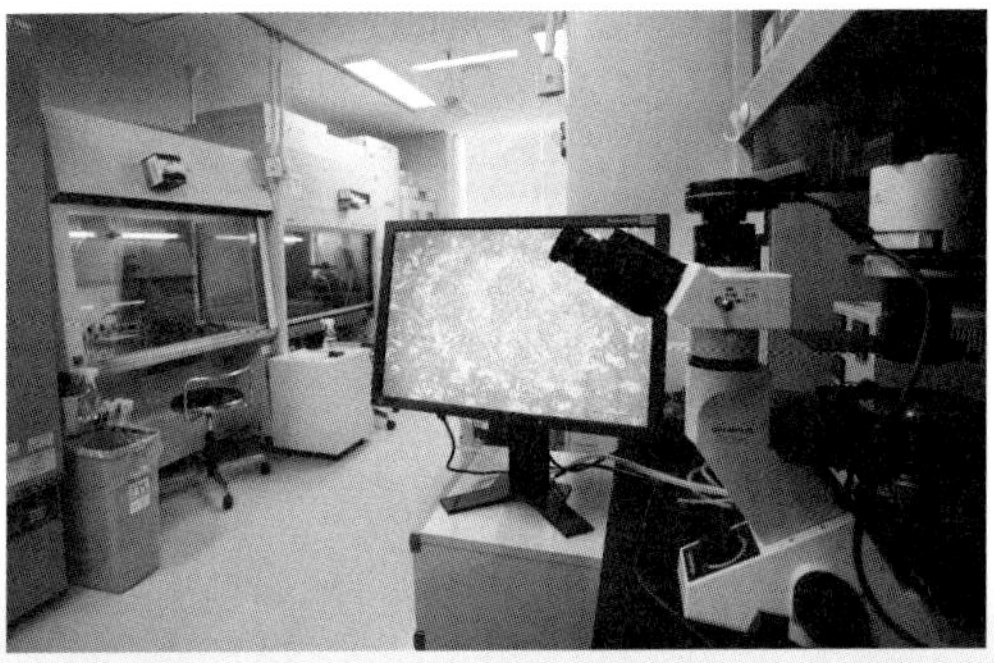

報道陣に公開された京都大iPS細胞研究所の培養実験室とモニターに映し出されたiPS細胞(京都市左京区)時事　撮影日：2010-05-08

能になると考えられています。

　こうしたことから、京大だけでなく、世界の医療機関がiPS細胞の実用化に向けて研究を続けており、そう遠くない将来の実用化が期待されています。

　ただ、この技術が確立されると、男性の細胞から卵子を作ったり、女性の細胞から精子を作るといったことも可能になることから、倫理的な問題も含めて、議論を煮詰めることも必要になるでしょう。

高校受験ここが知りたい Q&A

Q 受験が恐くなってきました

中学校３年生の今ごろになって、入試が恐いと思うようになりました。というのも私は、３年前の中学受験で失敗しているからです。「また落ちたらどうしよう」と考えると、勉強も手につかないことがあります。中学受験で、あれだけ勉強したのにダメだったことを思い出すと不安でたまりません。

（市川市・中３・KE）

A ３年間の頑張りに自信を持ちましょう

入学試験が近づいてくると、だれしも不安になるものです。それは、けっして中学受験で失敗したから入試が心配になるというたぐいのものではありません。

中学受験の苦い思い出があることはわかります。ただ、過去のことをいつまでも引きずっていては前進することはできません。失敗を繰り返さなければいいだけのことです。

中学入試でよい結果が出なかったとしても、その後、３年間にわたって努力を続けてきたのだろうと思います。その積み重ねは、非常に貴重なことです。

人間にとって大切なことは、結果よりも、結果にいたる過程だと思うのです。確かに３年前は期待した結果が出なかったのかもしれませんが、そのことをバネにここまで、頑張ってきた事実に自信を持ちましょう。

「中学受験を経験していることは入試独特の緊張感やプレッシャーを知っているんだ」と考え方を変えるのも有効です。

失敗をいつまでも悔やんでいても仕方ありません。過去は過去として、未来に向けて力強く前進することが大事です。

中学受験のことをいまでも思い出すということは、けっして悪いことではありません。それだけ真剣に受験に向けて努力をしたからこそ、いま、不安にもなっているだけのことです。これまでの自分を信じて入試に臨んでください。大丈夫、努力は裏切りません。

ご提案型の教育旅行会社って？

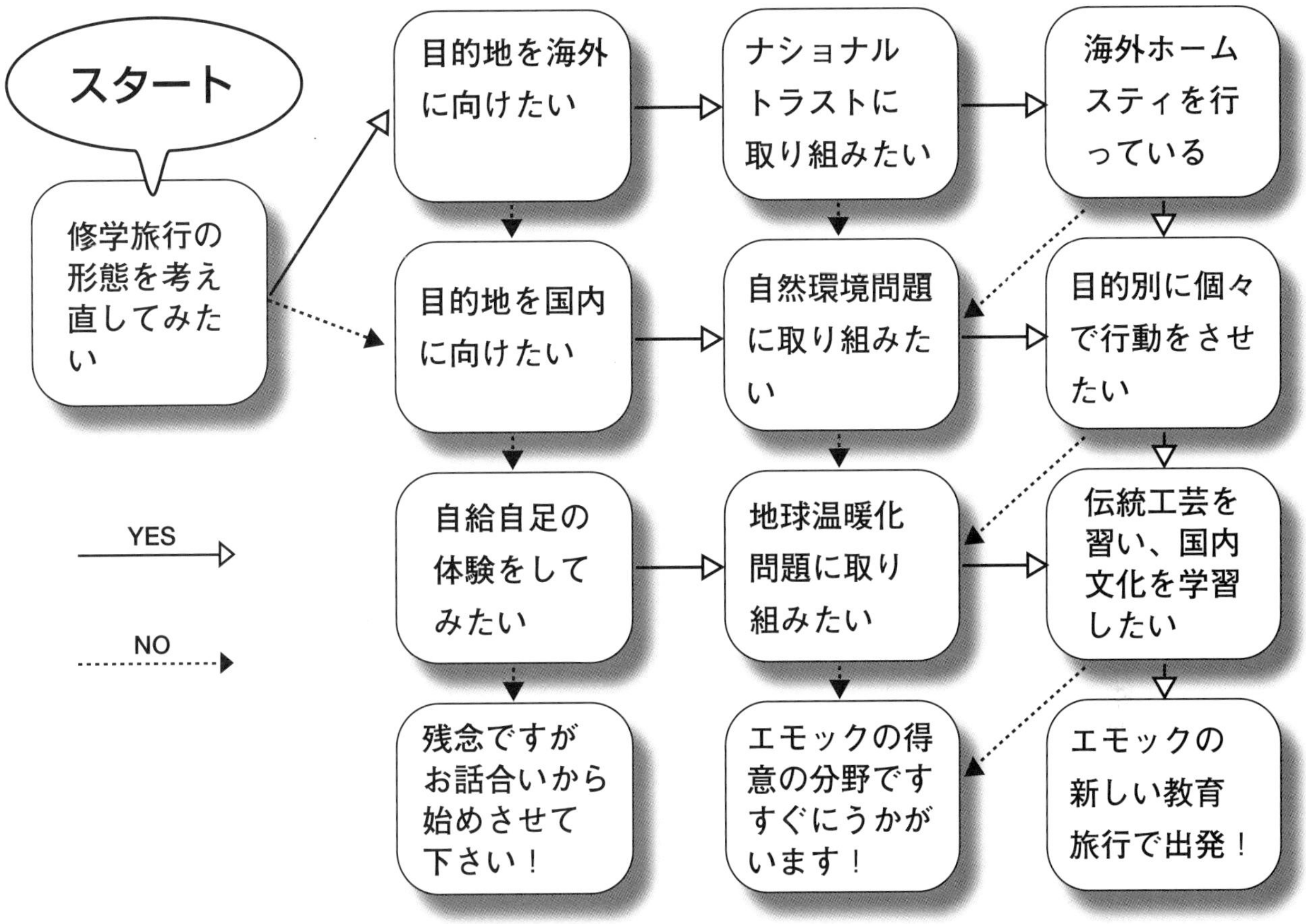
スタート
修学旅行の形態を考え直してみたい
目的地を海外に向けたい
ナショナルトラストに取り組みたい
海外ホームスティを行っている
目的地を国内に向けたい
自然環境問題に取り組みたい
目的別に個々で行動をさせたい
自給自足の体験をしてみたい
地球温暖化問題に取り組みたい
伝統工芸を習い、国内文化を学習したい
残念ですがお話合いから始めさせて下さい！
エモックの得意の分野ですすぐにうかがいます！
エモックの新しい教育旅行で出発！
YES
NO

従来の名所旧跡を訪ねる修学旅行から、最近ではさまざまなテーマを生徒個々または小グループごとにコンセプトメークしひとつの社会貢献の一環として、位置づける学習旅行へと形態移行しつつあります。

小社では国内及び海外の各種特殊業界視察旅行を長年の経験と実績で培い、これらのノウハウを学校教育の現場で取り入れていただき、保護者、先生、生徒と一体化した旅行づくりを行っております。

一例

- ●海、山、川の動物、小動物の生態系研究
- ●春の田植えと秋の収穫体験、自給自足のキャンプ
- ●生ごみ処理、生活廃水、産業廃棄物、地球温暖化などの環境問題研究
- ●ナショナルトラスト（環境保全施設、自然環境、道の駅、ウォーキング）
- ●語学研修（ホームスティ、ドミトリー、チューター付研修）など

[取扱旅行代理店]　**（株）エモック・エンタープライズ**

担当：山本／半田

国土交通大臣登録旅行業第1144号
東京都港区西新橋1-19-3　第2双葉ビル2階
E-mail:amok-enterprise@amok.co.jp

日本旅行業協会正会員(JATA)
☎ 03-3507-9777（代）
URL:http://www.amok.co.jp/

今月の1冊
サクセス書評
2月号

『第2図書係補佐』
お笑い芸人のもう1つの顔 大の読書家が贈る読書のススメ

人気お笑いコンビ「ピース」の又吉直樹さんは、大の読書家としても知られている。

その又吉さんが、フリーペーパー上で連載していたコラムをまとめたのが、この「第2図書係補佐」だ。

内容は、1コラムごとに1冊の本が紹介されているので、書評なのかなと思ってしまうけれど、「はじめに」で著者本人が「僕は自分の生活の傍らに常に本という存在があることを書こうと思いました」とあるように、1つのコラムのほとんどの部分は著者本人のことについて書かれている。

小・中・高、そして大阪から東京に出てきて、現在のように人気が出る前の下積み時代の、思わず笑ってしまう話から、読んでいるこちらまで悲しくなってしまう話まで、さまざまな思い出が、淡々と綴られている。

そして、著者が「本を読んだから思い出せたこと。本を読んだから思い付いたこと。本を読んだから救われたこと」を、多くのエピソードと絡めて紹介していく。

筆者は、東京に来たばかりでお金がなかったころ、古本屋に通いつめ、とにかく本を読んでいたという。それほど本が好きになった理由の1つとしてこんなエピソードが登場する。

10代前半のころに「何に悩んでいるのかが今一よく解らないのだが、とにかく胸の辺りにモヤモヤしたものが絶えずあって」、これをなくしたいけどなくせず、かといってだれにも相談できなくて、もう自分はダメかもしれないと思っていたという。そんなときに開いた古い小説に、自分と同じようにダメで、しかも自分よりも年上の人々がいた。それで「まだまだ可能性はある、生きられる、と思った」そうだ。

みんなのなかにも、そういうなんだかわからないけれど、満たされないような思いを抱いたことがある人がいるんじゃないかな。それを解決する1つの方法として「本」があることを、著者は身をもって教えてくれている。

『第2図書係補佐』

著／又吉 直樹
刊行／幻冬舎
価格／495円＋税

SUCCESS CINEMA サクセスシネマ vol.24

彼らは交渉人!!

交渉人

1999年/アメリカ/
ワーナー・ブラザーズ/
監督:F・ゲイリー・グレイ

©「交渉人」BD発売中　価格:2,500円(税込)
発売元:ワーナー・ホーム・ビデオ
©1998 Warner Bros. Entertainment Inc.

交渉人同士の緊迫した駆け引き!

この映画の原題は英語で交渉人を表す「The　Negotiator」。交渉人とは、国家的、国際的な問題を争点とする際、お互いの要求を実現するために話し合いによって歩み寄らせ、合意させるという任務を持つ人、あるいは、犯人、テロとの間に立ち、話し合いにより解決に導くことを任務とする警察職員のことを言います。この作品のタイトルとなっている交渉人は後者の方で、ストーリーは、ケヴィン・スペイシー演じる人質交渉人クリスと、殺人と横領の疑いをかけられ自らの潔白を証明しようとビルに立てこもった、同じく人質交渉人のダニー(=サミュエル・L・ジャクション)が、手に汗握る交渉戦を繰り広げるというもの。しかし、平和的解決を望む両者の交渉に割って入り、邪魔するものがありました。武力です。警察が力で抑え込もうとするたびに状況は悪化。ときとして銃や爆薬はなんの解決にもつながらないことを改めて知らしめます。2人の実力派俳優による緊迫した交渉シーンと、激しい銃弾戦が交互に展開され、ハリウッドムービーならではの迫力のある1作になっています。

交渉人　真下正義

2005年/日本/東宝/
監督:本広克行

「交渉人　真下正義　スタンダード・エディション」発売中
発売元:フジテレビジョン　販売元:ポニーキャニオン
価格:4,725円(税込)
©2005フジテレビジョン ROBOT 東宝 スカパー!WT

人気作品からのスピンオフ映画

日本の大ヒットテレビドラマの1つ、「踊る大捜査線」で脇役だった登場人物を主人公として制作したスピンオフムービー。「踊る大捜査線 THE MOVIE 2 レインボーブリッジを封鎖せよ!」で日本人初の交渉人として注目を集めたユースケ・サンタマリア扮する真下正義は、サイバーテロ犯から理不尽な挑戦を受けます。犯人は"クモ"と呼ばれる地下鉄の試験車両を外部操作し、次々と無理難題をふっかけるいわゆる愉快犯。見えぬ敵を相手に、真下は身につけた交渉術を駆使して犯人に迫ります。「踊る大捜査線」で登場する人物はどれも独特の存在感を放っていますが、この映画でもそれぞれの役がじつに個性的で魅力的です。ミステリアスなストーリー展開とウィットにとんだ会話を楽しめる都会的な作品となっています。

プルーフ・オブ・ライフ

2001年/アメリカ/ワーナー・ブラザーズ/
監督:テイラー・ハックフォード

「プルーフ・オブ・ライフ」DVD発売中　価格:1,500円(税込)
発売元:ワーナー・ホーム・ビデオ
©2000 Warner Bros. and Bel Air Pictures LLC.

表裏一体にある交渉と武力行使

舞台は架空のアフリカ国家。反政府ゲリラ組織に誘拐された人質を救出するために、誘拐身代金保険会社から元イギリス陸軍特殊部隊だった交渉人テリー(=ラッセル・クロウ)が乗り出します。しかし、長期にわたって身代金の引き下げを要求するものの、一向に折り合いがつかず、最後は強行手段に出ることに…。架空のアフリカ国家での誘拐身代金保険会社という設定やストーリーも斬新ですが、夫を誘拐されて哀しみにくれる妻アリス(=メグ・ライアン)と交渉人テリーとの切ない恋模様も見所の1つです。作品に流れるさまざまな要素を、余韻の残るエンディングが巧く浄化しています。

ただ、交渉と武力が表裏の関係にあるということが残念でなりません。人類はなぜ、命をムダにして戦い続けるのかが問われます。

サクセスランキング

★ Success Ranking ★

世界の都市「生活の質」ランキング

アメリカのコンサルティング大手マーサーでは、世界の221都市の「生活の質」を、政治、経済、文化、健康、衛生、教育、公共サービス、自然環境などの項目から総合的に評価し発表している。2011年度結果ではウィーンが１位。日本では東京が46位に入っている。みんなの行ってみたい都市は何位かな？　同時に発表された都市の安全性を評価したランキングも興味深い。

2011年　世界の都市「生活の質」

順位	都市	国
1	ウィーン	オーストリア
2	チューリッヒ	スイス
3	オークランド	ニュージーランド
4	ミュンヘン	ドイツ
5	デュッセルドルフ	ドイツ
5	バンクーバー	カナダ
7	フランクフルト	ドイツ
8	ジュネーブ	スイス
9	ベルン	スイス
9	コペンハーゲン	デンマーク
11	シドニー	オーストラリア
12	アムステルダム	オランダ
13	ウェリントン	ニュージーランド
14	オタワ	カナダ
15	トロント	カナダ
16	ハンブルグ	ドイツ
17	ベルリン	ドイツ
18	メルボルン	オーストラリア
46	東京	日本
49	神戸	日本
49	横浜	日本

2011年　世界の都市「住民の安全度」

順位	都市	国
1	ルクセンブルグ	ルクセンブルグ
2	ベルン	スイス
2	ヘルシンキ	フィンランド
2	チューリッヒ	スイス
5	ウィーン	オーストリア
6	ジュネーブ	スイス
6	ストックホルム	スウェーデン
8	シンガポール	シンガポール
9	オークランド	ニュージーランド
9	ウェリントン	ニュージーランド
11	コペンハーゲン	デンマーク
11	デュッセルドルフ	ドイツ
11	フランクフルト	ドイツ
11	ミュンヘン	ドイツ
11	ニュルンベルク	ドイツ
16	ダブリン	アイルランド
31	神戸	日本
31	名古屋	日本
31	大阪	日本
31	東京	日本
31	横浜	日本

※2011年マーサー調べ

Educational Column

15歳の考現学

都立高校入試も
学力重視への流れが急だが
考えておきたいことがある

私立 INSIDE

私立高校受験

東京都内私立高校
受験直前動向データ

公立 CLOSE UP

公立高校受験

神奈川・千葉・埼玉
公立高校入試展望2012

BASIC LECTURE

高校入試の基礎知識

都立高校入試制度の行方を
高校改革計画案から考える

受験情報

monthly topics

東京私立

初年度納付金は平均88万円強

東京都内私立高校の「2012年度の初年度納付金」を東京都生活文化局が、12月8日まとめた。対象の都内私立高校233校のうち、初年度納付金（総額）の値上げをした学校は25校（10.7%）、値下げをした学校は1校（0.4%）～目黒学院～、据え置いた学校は207校（88.8%）。初年度納付金（総額）の平均額は88万1735円で、前年度に比べて4060円（0.5%）増加した。最高額は桐朋女子（音楽）の196万2200円、最低額は東洋女子の53万6000円だった。

神奈川公立

中学卒業生の進学希望は96.1%

神奈川県教育委員会は11月29日、県内公立中学校の来春卒業予定者を対象とした進路希望を調査、公表した。高校進学希望者は6万5175人で、全体に占める割合は前年度比0.2ポイント増の96.1%～全日制6万2020人（91.4%）、定時制1249人（1.8%）、通信制810人（1.2%）など～。定時制・通信制の進学希望率が前年より減少する一方、全日制への進学希望が増加している。調査は公立中414校の6万7854人を対象に、10月20日時点のもの。全日制高校普通科の希望者の割合は7年連続で増加し、43.7%となっている。

15歳の考現学

都立高校入試も学力重視への流れが急だが考えておきたいことがある

Nobuyasu Morigami

森上 展安

もりがみ・のぶやす
森上教育研究所所長。1953年、岡山県生まれ。早稲田大学卒業。進学塾経営などを経て、1987年に「森上教育研究所」を設立。「受験」をキーワードに幅広く教育問題をあつかう。近著に『教育時論』（英潮社）や『入りやすくてお得な学校』『中学受験図鑑』（ともにダイヤモンド社）などがある。

推薦入試廃止の動きには?

都立高校改革の骨子案が11月に出され、パブリックオピニオンを12月22日までに求めたうえで、1月中には中学校校長会に具体案が示される運びのようです。

都立校改革は大きくは3期にこれまで分かれ、第1期は1970年代からの生徒増に対応するために行われ、高校が増設され画一的な入試で収容を安定的に行えるような方向がとられました。

第2期は、1990年代からで、生徒が減少に転じて多様な生徒への対応が求められるようになり、入試は多様多元化し、高校も新しいタイプの学校が生まれました。

そして今回、新しい学習指導要領の実施に合わせて2012年度から向こう10年の長期計画の骨子が示されることになりました。

注目されるのが、本欄でも以前に触れた入試制度の改革です。

現状の問題点の1つは、高校入試期間が長期化し中学校の授業時間確保が難しくなっていることです。そこで入試期間の短縮化を図りたい、となっています。

もう1つは、学力低下に歯止めをかけるため推薦入試の見直しをしよう、ということです。

この2点はじつは埼玉・千葉・神奈川などの近県でも同様な指摘がなされ、すでに埼玉、千葉、そして神奈川も入試改革をしたか、する予定で進んでいます。その方向はいずれも、入試日程を前期、後期ではなく一本化することと、全入試に学力検査を導入する、つまり内申だけの推薦を廃止する、という方向です。都の骨子案にも、この2つはあるものの具体案は明示されていません。

ただ、近県の動きは当然、フォローしているものと考えられるので大まかな方向性は同じではないか、と推測されますが、都立高校にはさまざまなタイプの学校が多様に存在しており、すべて推薦入試をやめて学力検査を導入すると、本来の推薦の意義である「学力選抜によらない選抜」の理念が事実上損なわれることを意味し、多様性確保を念頭においた学校づくりの実情からすると疑問も生じます。

芸術系や技術系などでは、個性重視の選抜こそ望ましいわけで、コンクールや展示会などでのパフォーマンスの優れた個性を内申で評価して、長所を活かす進路へと促すのが本来の在り方でしょう。

反対に、進学指導重点校など難関大学進学を大きな方向づけとしているトップ高校への進学では、推薦入試自体がいわば矛盾であり、学力選抜一本か、内申点を加味するにせよ学力に比重をおいた入試ということにすべきでしょう。

格差再生産を行ってはならない

問題は、都立高校すべてが学力一本の入試になってしまうと、かつては見えなかった親の年収差による学力格差が、偏差値別の序列化で一層強められるのではないかということです。親世代の格差の再生産が、まさに選抜制度によって強化される恐れがあるのです。

かつてこの問題は潜在していても、分厚い中間層のおかげで見えなかったのですが、リーマンショック以降はとくに格差拡大が著しいために、問題が顕在化していることを認識する必要があります。

そもそもこの不況時に学力一本の入試が全高校に復活すれば、年収の低い家庭層に多くなりがちな低学力層が私立高校に押し出され、比較的家計にゆとりがある高学力層が、都立に進学する傾向が強まることが目に見えています。

もっと言えば、私立には高い学費が支払えないので、遠くとも入れる底辺校の都立か、本来の目的とは異なる定時制などの高校に追いやられかねません。

それとともに考えておきたいことは、もう1つの改革の目玉ともいえるグローバル人材の育成という目的のために、都立高校生の留学支援に、都が大変大きな予算をあてようとしていることです。

案では、機会平等に広く各校から募集するとのことですが、結局、海外志向も強い商社マンなどの子女の応募になる恐れが強いでしょう。なにより、都民の半分強を占める私学生へはなんの支援もなされていないとすれば、同じ都民ですから、かなりおかしなことです。

また、いまでも中位の都立高校では途中退学者が多く、必ずしも生徒1人ひとりへのフォローが十分ではないのではないかと懸念される状況にあって、これら中位の定員枠を拡大して増加する受験生を収容しようとするのではあまり事態の改善にはつながらないでしょう。

問題があるからそうなっているのです。満足度が高い退学者ゼロの都立中位校が多いのであればよいのですが、実際はその逆ですから、むしろ問題が起きやすくなる可能性だってあるのです。

内申に代わる到達度評価を

ともあれ、中学生に直接関係のある都立高校入試は、どのような形にせよ学力重視の方向にかじが切られることになりそうです。

希望する高校に入れるかどうかに、中学の定期考査の成績が影響するのではなく、高校入試当日の評価で直接的に決定する方向に傾斜がかかることを意味します。

受験生の選抜は、何度テストしても、またさまざまな方向からテストしても、問題解決能力があるか、思考力があるか、あるいは記述力があるかなどということを検査するのが望ましいにもかかわらず、1回のテストだけの成果で選抜が決まることで、そうした本来の学力形成が疎かにされはしないか、ということが心配です。

制度がどうなろうと問題解決能力を日ごろから養っておくことと、問題解決の背後にある本質的な理解を追求することを怠らないに越したことはありません。

志望する高校が魅力的であれば、受験生は日々の努力が合格に向けて着実に成果があげられているかどうかが気になりますから内申に代わる手応えも必要です。図らずも今回の骨子案のなかに「高校で到達度評価のテストを工夫する」ということが記されています。そこに記されている高校での到達度評価テストとは、大学入学に必要な到達度のテストです。

この大学につながる到達度評価には、中学時点の到達度も示され、その系統的理解に役立つものであってほしいものです。

じつはいまの高校入試には、残念ながら高校入試のためだけの問題群というものがあります。系統的な理解からすれば不必要な問題群といってもよいのです。

中学でも、到達度がスッキリ系統的に評価されるものが作られ、内申に代わるものになっていけばと思います。

東京都内私立高校受験直前動向データ

「Vもぎ」の11月結果まとまる

協力 進学研究会

東京都内の2012年度私立高校入試を占う進学研究会の模擬試験、「Vもぎ」のデータがまとまった。「Vもぎ」は、この11月実施の「都立Vもぎ」で参加者3万7313名（都内公立中学校3年生の約半数）を集める数値データの信頼性が高い模擬試験。受験直前の3年生は、一覧表を見てモチベーションを高める材料としてほしい。なお、資料の提供は進学研究会の協力をあおいだ。

この秋行われた「都立Vもぎ」4回（10月30日、11月6日、13日、27日）と「私立もぎ」の5回で志望校欄（併願校欄を含む）に書き込まれた都内私立高校を対象に、志望動向を次ページから一覧とした。

志望校、併願校欄には各試験で6校まで書き込むことができる。

「志望数」欄は前述5回の模擬試験を合計した各校の志望者件数、その右欄「平均」とあるのはその平均偏差値。右側には比較のために前年度（2011年度）データを並べた。

都内私立高校の志望者件数の合計は8万4987件、国立高校の志望者件数は1418件だった。

ただし、偏差値については、本来なら偏差値の高い学校（**開成**など）が低く出ることがある。これは「記念のため」などと言って志望校欄に記入されることが多いため。

学校別でみると、前年より志望件数（男女計）を増やしたのは、①**関東第一**447件増、②**駒込**424件増、③**朋優学院**372件増、④**武蔵野**325件増、⑤**桜丘**303件増、⑥**東京成徳大**256件増、⑦**多摩大目黒**246件増、⑧**大成**206件増。

東京都内私立高校「Vもぎ」データ ※国立高校は67ページ

学校名	科・コース		2011年11月		2010年11月	
			志望数	平均	志望数	平均
関東国際	外国語(露語)	男	3	57.3	5	45.2
	外国語(露語)	女	5	48.0	7	48.1
	外国語(韓国語)	男	7	45.1	6	52.0
	外国語(韓国語)	女	39	47.1	40	48.9
	外国語(タイ・イン・ベト語)	男	5	47.2	9	49.3
	外国語(タイ・イン・ベト語)	女	7	48.7	5	50.8
関東第一	普(進学G)	男	736	41.9	603	42.5
	普(進学G)	女	785	43.7	678	42.9
	普(進学A)	男	288	45.7	273	45.9
	普(進学A)	女	373	47.1	272	46.4
	普(進学選抜)	男	72	48.3	93	51.3
	普(進学選抜)	女	128	50.4	94	51.1
	普(特進)	男	150	51.8	133	53.5
	普(特進)	女	170	53.5	112	52.8
	普(スポーツ)	男	58	37.9	55	41.1
	機械	男	中止		146	37.2
	建築ビジュアル	男	中止		30	38.1
	建築ビジュアル	女	中止		22	42.9
北豊島	普(総合)	女	48	43.7	38	44.7
	普(国際英語)	女	13	46.9	7	42.9
	普(特進)	女	13	51.5	4	49.8
共栄学園	普(普)	男	246	47.1	211	46.0
	普(普)	女	344	47.2	325	47.7
	普(特進)	男	104	54.3	75	54.5
	普(特進)	女	142	54.5	129	54.8
共立女子第二	普(Ｓ)	女	102	50.1	56	51.1
	普(ＡＰ)	女	32	57.2	42	56.2
錦城	普(普)	男	623	57.1	538	55.9
	普(普)	女	567	57.5	509	57.4
	普(特進)	男	186	62.5	162	63.1
	普(特進)	女	213	62.6	212	62.1
錦城学園	普	男	404	46.1	427	46.4
	普	女	500	48.1	502	48.0
国立音大附属	普	男	35	53.5	10	54.2
	普	女	58	52.1	50	52.4
	音楽	男	7	43.0	4	41.8
	音楽	女	13	48.0	21	47.8
国本女子	普(総進)	女	34	42.7	25	45.0
	普(アドバンスト)	女	1	45.0	4	43.8
	普(スーパーアドバンスト)	女	5	43.0	3	51.0
慶應義塾女子	普	女	148	63.0	122	62.9
京華	普(進学)	男	176	47.3	225	47.6
	普(特進)	男	66	55.5	62	55.7
	普(S特進)	男	24	59.5		
京華商業	商	男	174	39.0	229	40.6
	商	女	173	40.9	176	40.6
京華女子	普(文理)	女	160	46.2	155	46.2
	普(特進)	女	68	53.4	48	52.9
京北	普(進学)	男	130	44.0	133	44.7
	普(特進)	男	11	51.5	18	50.5
京北学園白山	商	男	107	37.3	113	39.5
啓明学園	普	男	24	49.2	37	47.6
	普	女	28	52.0	27	54.4
工学院大附属	普(文理進学)	男	277	51.4	243	51.5
	普(文理進学)	女	169	51.9	118	53.1
	普(文理特進)	男	77	54.7	54	56.6
	普(文理特進)	女	43	57.0	39	58.5
攻玉社	普	男	中止		20	55.5
麴町学園女子	普(特進)	女	中止		25	51.0
佼成学園	文理	男	111	53.4	84	54.7
佼成学園女子	普(進学)	女	119	49.3	96	49.6
	普(特進文理)	女	53	55.0	51	53.8
	普(メディカル)	女	4	58.3	8	54.1
	普(特進留学)	女	35	50.1	24	53.0
國學院	普	男	1003	56.7	974	57.4
	普	女	1089	57.1	1033	57.3
国学院久我山	普	男	398	59.0	347	58.7
	普	女	216	61.8	209	61.5
国際基督教大	普	男	139	62.2	86	61.1
	普	女	187	62.0	151	63.9

学校名	科・コース		2011年11月		2010年11月	
			志望数	平均	志望数	平均
愛国	普	女	243	39.9	212	40.9
	商	女	58	37.8	38	40.3
	家政	女	102	39.1	74	39.1
	衛生看護	女	85	43.3	69	43.3
青山学院	普	男	230	60.7	233	60.2
	普	女	315	61.9	284	62.3
足立学園	普	男	296	50.5	227	51.9
	文理	男	185	57.1	113	56.3
安部学院	商	女	106	36.1	62	36.4
郁文館	普(普)	男	216	51.5	220	51.7
	普(普)	女	136	50.8	137	52.7
	普(医系特進)	男	統合		15	55.7
	普(医系特進)	女	統合		17	53.2
郁文館グローバル	国際	男	45	51.1	35	49.9
	国際	女	78	51.7	75	50.4
岩倉	普(総進)	男	145	39.6	80	40.0
	普(特進)	男	21	47.3	15	44.8
	普(スポーツ)	男	31	39.5	35	37.7
	商	男	74	37.0	35	35.0
	機械	男	78	35.7	74	38.6
	運輸	男	124	40.3	100	40.8
上野学園	普(総進)	男	145	42.5	125	42.2
	普(総進)	女	137	45.1	114	45.2
	普(特進β)	男	28	49.1	19	50.2
	普(特進β)	女	26	49.4	11	47.7
	普(特進α)	男	16	51.3	15	50.4
	普(特進α)	女	9	50.2	23	52.4
	音楽	男	5	43.4	3	40.7
	音楽	女	8	39.3	10	40.5
江戸川女子	普(Ⅱ類)	女	256	57.5	238	56.0
	普(Ⅲ類)	女	294	60.7	221	61.2
	英	女	71	57.4	57	57.7
桜美林	普(一般)	男	93	53.7	117	55.4
	普(一般)	女	125	56.2	117	56.1
大森学園	普(進学)	男	120	43.6	120	43.1
	普(進学)	女	54	45.9	85	43.8
	普(普総合)	男	78	42.1		
	普(普総合)	女	75	43.5		
	普(理系特進)	男	37	49.6	45	50.5
	普(理系特進)	女	28	51.8	6	58.0
	工業系	男	86	37.3	80	38.0
小野学園女子	普(Ⅰ類)	女	23	42.0	18	39.4
	普(Ⅱ類)	女	9	45.7	7	43.1
開成	普	男	211	57.8	233	58.1
かえつ有明	普(総合進学)	男	17	43.6	34	46.9
	普(総合進学)	女	5	46.4	27	47.2
科学技術学園	普	男	41	37.1	17	38.9
学習院	普	男	63	56.3	60	57.5
蒲田女子	普(医療福祉)	女	38	39.8	12	38.5
	普(幼児教育)	女	62	40.6	54	40.4
	普(スポーツ)	女	22	41.4	16	41.4
	普(生活文化)	女	51	42.5	40	40.9
	普(デザイン)	女	37	41.4	37	42.9
川村	普	女	16	40.9	40	48.2
神田女学園	普(総進[サクシード])	女	149	40.9	106	39.9
	普(特進[エクシード])	女	37	46.1	25	40.3
関東国際	普(文系)	男	96	47.6	76	47.8
	普(文系)	女	112	47.7	121	49.8
	普(理系Ｓ)	男	25	52.7	31	48.2
	普(理系Ｓ)	女	23	51.5	14	46.7
	普(理系ＡＳ)	男	10	59.8	24	52.5
	普(理系ＡＳ)	女	17	53.5	6	48.7
	演劇	男	7	45.0	6	48.3
	演劇	女	20	47.4	18	48.5
	外国語(英語ＳＥ)	男	69	51.7	47	49.0
	外国語(英語ＳＥ)	女	132	50.7	128	51.0
	外国語(英語ＡＥ)	男	33	53.0	30	52.3
	外国語(英語ＡＥ)	女	84	52.5	87	53.6
	外国語(中国語)	男	7	43.0	12	45.2
	外国語(中国語)	女	14	50.6	5	44.8

学校名	科・コース		2011年11月		2010年11月	
			志望数	平均	志望数	平均
淑徳ＳＣ	普(Ⅱ類)	女	38	41.6	27	46.4
	普(Ⅰ類)	女	16	43.3		
淑徳巣鴨	普(特進私文[特進総合])	男	89	51.7	178	52.2
	普(特進私文[特進総合])	女	104	51.4	181	52.4
	普(特進[特選])	男	156	55.6	139	54.6
	普(特進[特選])	女	221	54.7	92	56.1
	普(選抜[スーパー特選])	男	104	57.4	94	57.7
	普(選抜[スーパー特選])	女	144	57.5	87	58.5
	普(選抜U[アルティメット])	男	85	62.2	88	60.4
	普(選抜U[アルティメット])	女	85	61.8	50	60.2
順天	普(特進)	男	133	57.6	122	57.8
	普(特進)	女	139	57.9	148	58.3
	普(特進選抜)	男	103	59.1	69	61.4
	普(特進選抜)	女	86	60.9	98	60.3
	普(英語)	男	48	55.4	31	55.8
	普(英語)	女	65	56.0	69	58.0
潤徳女子	普(総進)	女	130	42.6	134	42.4
	商(ビジネスＩＴ)	女	14	41.0	9	46.7
	普(特進)	女	18	50.5	21	50.5
	普(美術デザイン[芸術])	女	39	43.1	38	43.2
	普(福祉進学)	女	28	43.6	25	39.6
松蔭	普	男	57	48.7	59	48.3
	普	女	108	49.4	91	49.5
城西大附属城西	普	男	245	49.5	304	50.4
	普	女	188	51.1	174	51.8
聖徳学園	普	男	63	53.9	50	53.0
	普	女	41	54.5	29	52.3
城北	普	男	349	62.2	252	61.8
昭和第一	普(進学)	男	555	43.8	486	42.9
	普(進学)	女	379	44.7	272	44.7
	普(特進)	男	53	49.0	57	48.5
	普(特進)	女	52	49.8	69	46.6
昭和第一学園	普(総進)	男	675	45.1	675	43.9
	普(総進)	女	557	45.3	495	45.0
	普(特進)	男	103	49.1	90	49.2
	普(特進)	女	67	50.4	64	51.0
	工業	男	166	39.4	152	39.9
	工業	女	9	43.6	8	44.8
昭和鉄道	鉄道	男	199	42.5	159	43.7
	鉄道	女	10	43.5	16	47.7
女子美術大付属	普	女	76	49.9	98	47.7
白梅学園	普(選抜)	女	87	48.7	95	50.5
	普(保育・教育系)	女	130	44.8	145	45.2
	普(進学)	女	171	47.7	147	48.0
	普(特選Ｉ)	女	10	54.2	23	55.9
	普(特選Ｓ)	女	17	55.8	19	57.5
	普(特選Ｇ)	女	19	56.7	72	55.4
巣鴨	普	男	119	61.6	92	61.4
杉並学院	普(文理)	男	560	49.7	659	50.4
	普(文理)	女	783	51.1	737	51.4
	普(特進)	男	257	56.2	229	56.1
	普(特進)	女	338	55.4	256	56.1
駿台学園	普(進学)	男	196	45.0	165	44.4
	普(進学)	女	144	45.9	104	46.0
	普(スペシャリスト)	男	7	36.9	27	38.1
	普(スペシャリスト)	女	10	45.0	6	41.0
	普(特別選抜)	男	19	50.7	25	51.0
	普(特別選抜)	女	16	51.6	12	52.9
聖学院	普(帰国)	男	6	43.8	11	55.6
成蹊	普	男	174	59.9	161	59.8
	普	女	142	59.0	158	60.0
成女	普	女	26	38.3	38	41.0
成城	普	男	247	58.0	252	57.7
成城学園	普	男	122	55.1	63	54.8
	普	女	139	55.7	153	58.3
正則	普	男	602	47.1	499	46.4
	普	女	336	48.1	318	47.6
正則学園	普	男	247	43.1	225	44.2
聖パウロ学園	普(普)	男	61	41.0	45	44.2
	普(普)	女	36	45.4	42	46.0

学校名	科・コース		2011年11月		2010年11月	
			志望数	平均	志望数	平均
国士舘	普	男	300	45.6	327	45.8
	普	女	168	47.1	161	47.6
駒込	普(進学)	男	中止		244	49.7
	普(進学)	女	中止		236	51.1
	普(アドバンスB[特進])	男	216	50.5	110	53.2
	普(アドバンスB[特進])	女	222	52.0	123	54.5
	普(アドバンスA[アドバンス])	男	100	55.4	61	55.9
	普(アドバンスA[アドバンス])	女	139	55.7	59	56.6
	普(Ｓアドバンス)	男	77	59.2	26	60.6
	普(Ｓアドバンス)	女	72	59.2	23	58.9
駒沢学園女子	普(Ａ)	女	88	45.3	78	46.7
	普(Ｓ)	女	14	50.9	5	51.0
駒澤大学	普	男	663	50.1	573	49.5
	普	女	556	50.5	570	50.7
駒場学園	普(進学)	男	371	45.7	288	44.7
	普(進学)	女	338	46.2	268	47.0
	食	男	33	39.2	47	38.1
	食	女	28	40.5	32	42.7
	普(特進)	男	48	53.0	42	52.5
	普(特進)	女	32	54.1	32	55.7
	普(国際)	男	11	46.6	17	52.8
	普(国際)	女	41	53.2	40	52.6
桜丘	普(進学)	男	中止		265	48.6
	普(進学)	女	中止		307	50.5
	普(特進)	男	213	51.6	127	53.4
	普(特進)	女	336	52.5	153	54.3
	普(特待)	男	169	56.9	126	57.6
	普(特待)	女	221	56.8	230	57.7
サレジオ高専	デザイン	男	24	45.9	25	45.8
	デザイン	女	18	45.9	9	48.4
	電気	男	28	44.1	37	45.8
	電気	女	0		0	
	機械電子	男	74	44.3	49	46.8
	機械電子	女	0		1	43.0
	情報	男	55	48.2	31	49.5
	情報	女	1	51.0	7	50.7
実践学園	普(文理)	男	315	50.5	341	50.6
	普(文理)	女	400	51.3	365	50.7
	普(特進)	男	164	56.0	165	56.4
	普(特進)	女	218	56.0	222	55.9
品川エトワール女子	普(一般)	女	211	39.2	146	38.0
	普(マルチメディア表現)	女	26	42.9	20	43.9
	普(国際)	女	46	46.5	29	42.5
芝浦工大	普	男	58	53.1	69	52.0
下北沢成徳	普(進学)	女	120	47.6	100	47.6
	普(国際)	女	31	51.0	22	50.1
	普(特進)	女	31	53.3	33	53.0
自由ヶ丘学園	普(総合)	男	147	37.4	124	37.2
	普(選抜進学)	男	15	39.2	19	40.3
	普(特進)	男	9	44.6	14	38.9
自由学園	普	男	17	41.5	10	37.0
	普	女	11	44.1	14	42.4
修徳	普(文理進学[進学])	男	169	43.1	185	43.5
	普(文理進学[進学])	女	205	44.0	124	44.0
	普(文理選抜)	男	19	46.7		
	普(文理選抜)	女	7	44.0		
	普(特進)	男	33	48.0	37	52.5
	普(特進)	女	45	51.2	31	51.4
	普(健康スポーツ)	男	46	39.4	35	39.4
十文字	普(進学)	女	103	53.5	89	53.8
	普(選抜)	女	51	58.1	38	60.4
	普(Ｓ特選)	女	35	61.5	32	59.5
淑徳	普(特進総合)	男	中止		199	56.0
	普(特進総合)	女	中止		167	58.0
	普(特進選抜)	男	129	58.6	86	60.3
	普(特進選抜)	女	171	60.1	116	61.2
	普(スーパー特進)	男	114	62.9	124	63.3
	普(スーパー特進)	女	126	64.0	94	62.7
	普(留学)	男	20	54.5	11	55.0
	普(留学)	女	17	48.4	25	54.6

学校名	科・コース		2011年11月		2010年11月	
			志望数	平均	志望数	平均
千代田女学園	普(進学[国際])	女	7	49.9	6	44.7
	普(特進)	女	17	52.7	6	47.0
	普(特進[理薬])	女	—		—	
鶴川	普	女	41	36.5	41	37.8
帝京	普(文理)	男	115	47.8	101	49.8
	普(文理)	女	182	50.5	104	52.3
	普(理数)	男	50	49.4	48	50.3
	普(理数)	女	29	52.7	23	52.4
	普(インターナショナル)	男	12	52.8	2	44.0
	普(インターナショナル)	女	15	51.9	14	52.1
	普(文系)	男	25	43.9	22	47.0
	普(文系)	女	20	46.6	28	46.3
帝京大学	普	男	107	60.9	90	57.6
	普	女	138	61.2	83	62.5
帝京八王子	普(文理)	男	117	49.5	135	48.3
	普(文理)	女	110	51.0	91	52.1
	普(医療系特進)	男	8	50.8	18	51.1
	普(医療系特進)	女	32	54.0	22	55.0
貞静学園	普(総進)	男	76	39.8	81	42.4
	普(総進)	女	146	42.5	117	42.7
	普(幼児・保育進学)	男	22	39.2	33	36.9
	普(幼児・保育進学)	女	200	42.0	218	42.4
	普(看護・医療進学)	男	8	43.3	19	42.8
	普(看護・医療進学)	女	98	42.8	59	43.5
	普(特進)	男	10	41.8	22	44.5
	普(特進)	女	29	48.5	24	48.2
戸板女子	普	女	60	45.9	44	46.6
東亜学園	普(文理)	男	511	48.8	610	48.4
	普(文理)	女	388	49.4	446	50.3
	普(体)	男	25	42.7	19	46.5
	普(文理特進)	男	72	53.7	68	52.3
	普(文理特進)	女	35	52.4	60	55.5
東海大菅生	普(総進)	男	329	46.0	377	45.9
	普(総進)	女	291	46.5	267	46.8
	普(特進)	男	49	52.3	51	52.5
	普(特進)	女	51	54.5	37	50.2
東海大高輪台	普	男	269	52.0	328	52.1
	普	女	211	51.1	220	52.2
東京	普	男	254	49.8	224	51.4
	普	女	208	52.5	238	51.4
東京音大付属	音楽	男	17	51.5	14	47.7
	音楽	女	29	45.8	30	49.6
東京学園	普(普)	男	120	38.6	100	40.5
	普(選抜)	男	16	43.4	8	40.1
東京家政学院	普(総進)	女	47	46.3	59	48.0
	普(特進)	女	10	51.2	8	53.4
東京家政大附属女子	普(創造)	女	107	49.3	126	49.2
	普(躍進)	女	29	53.8	37	53.5
東京実業	普(文理)	男	107	41.9	86	41.0
	普(文理)	女	56	42.6	40	41.4
	普(ビジネス)	男	49	40.0	43	39.2
	普(ビジネス)	女	31	41.2	31	37.4
	工学系(機械)	男	77	39.0	45	36.4
	工学系(機械)	女	0		0	
	工学系(電気)	男	56	41.0	29	36.9
	工学系(電気)	女	2	49.0	0	
	工学系(ゲームIT)	男	123	42.6	75	42.5
	工学系(ゲームIT)	女	7	44.9	9	43.1
東京女学館	普	女	中止		26	58.0
東京女子学院	普	女	47	50.1	27	50.0
東京女子学園	普(進学)	女	30	42.4	30	46.7
	普(特進)	女	24	49.7	6	54.7
	普(総合)	男	140	39.9	121	41.3
	普(総合)	女	132	43.2	105	42.5
	普(文理)	男	15	42.9	12	43.7
	普(文理)	女	13	43.5	13	45.8
	普(体育)	男	68	39.1	59	40.7
	普(体育)	女	42	40.1	32	39.4
東京成徳大	普(進学)	男	268	48.3	234	48.7
	普(進学)	女	313	49.4	252	48.5

学校名	科・コース		2011年11月		2010年11月	
			志望数	平均	志望数	平均
聖パウロ学園	普(特進)	男	9	47.0	15	48.0
	普(特進)	女	2	51.5	0	
	普(SA留学)	男	中止		4	42.5
	普(SA留学)	女	中止		3	55.3
星美学園	普	女	19	50.3	25	50.6
成立学園	普(特進総合[特進I])	男	113	46.5	117	46.6
	普(特進総合[特進I])	女	159	47.6	183	48.2
	普(特進アスリート)	男	5	36.8	10	41.8
	普(特進アスリート)	女	10	44.6		
	普(特進G類)	男	—		53	51.4
	普(特進G類)	女	—		67	51.3
	普(特進選抜[特進S類])	男	33	54.6	26	53.5
	普(特進選抜[特進S類])	女	55	52.1	19	58.5
	普(S特選難関私大[スーパー特選])	男	10	58.2	20	55.5
	普(S特選難関私大[スーパー特選])	女	9	58.0	12	60.6
	普(S特選国公立)	男	8	63.6		
	普(S特選国公立)	女	8	60.6		
青稜	普(普)	男	200	58.9	174	57.4
	普(普)	女	206	59.2	141	58.6
世田谷学園	普	男	15	43.1	24	46.3
専修大附属	普	男	533	53.2	578	53.3
	普	女	439	54.1	483	54.1
創価	普	男	61	52.8	87	54.7
	普	女	96	53.7	78	57.1
大成	普(文理進学)	男	606	46.3	690	45.4
	普(文理進学)	女	602	47.1	428	46.4
	普(情報進学)	男	181	43.5	133	41.8
	普(情報進学)	女	84	44.1	87	44.0
	普(特進)	男	139	52.4	118	50.6
	普(特進)	女	157	53.6	107	53.9
大東学園	普(普)	男	223	39.2	175	37.7
	普(普)	女	160	40.9	142	40.6
	普(福祉)	男	22	37.2	19	36.5
	普(福祉)	女	27	36.4	30	40.3
大東文化大第一	普(進学[総進])	男	307	48.6	325	49.0
	普(進学[総進])	女	232	49.9	229	50.6
	普(選抜進学)	男	55	55.3		
	普(選抜進学)	女	54	54.6		
	普(特進)	男	33	56.2	53	53.7
	普(特進)	女	28	55.5	66	56.4
高輪	普	男	26	52.0	39	50.4
滝野川女子学園	普(進学)	女	43	41.0	70	41.0
	普(特進)	女	11	46.4	14	47.8
	普(特進選抜)	女	6	59.5	6	52.3
拓大第一	普(普)	男	620	55.9	573	55.3
	普(普)	女	707	55.8	615	56.1
	普(特進)	男	107	60.9	107	61.0
	普(特進)	女	155	60.4	118	60.1
立川女子	普(総合・文理)	女	312	41.0	297	40.9
	普(特進)	女	40	45.9	36	46.0
玉川学園	普(普)	男	21	46.9	24	49.5
	普(普)	女	47	50.4	46	55.0
	普(PL)	男	0		2	35.0
	普(PL)	女	4	53.5	5	59.0
玉川聖学院	普	女	12	49.0	25	51.8
多摩大聖ヶ丘	普	男	23	52.9	10	51.1
	普	女	3	50.7	10	56.6
多摩大目黒	普	男	287	51.6	162	52.7
	普	女	255	53.6	134	54.6
中央学院大中央	普	男	228	38.7	150	39.4
	普	女	132	40.2	126	39.7
	商	男	65	37.6	35	36.0
	商	女	40	37.3	56	38.6
中央大学	普	男	311	59.3	306	59.0
	普	女	316	60.9	335	61.3
中大杉並	普	男	615	60.4	522	60.6
	普	女	488	61.4	406	61.2
中大附属	普	男	330	59.4	444	60.4
	普	女	281	61.5	342	60.8
千代田女学園	普(進学)	女	36	42.4	33	45.3

学校名	科・コース		2011年11月		2010年11月	
			志望数	平均	志望数	平均
日体桜華	普	女	139	38.7	146	41.3
	普(福祉)	女	統合		26	36.9
	普(スポーツ)	女	統合		5	38.0
新渡戸文化	普(一般進学)	女	44	42.8	44	43.5
	普(特進)	女	9	55.2	4	45.8
日本音楽	普(幼児教育)	女	32	39.8	18	44.4
	音(音)	女	26	40.6	10	44.0
	音(バレエ)	女	15	44.1	23	45.7
	音(舞台芸術)	女	15	43.7	4	40.0
日本学園	普(総進)	男	174	43.3	203	42.0
	普(スポーツ)	男	28	39.1	18	41.6
	普(特進)	男	34	50.9	28	52.0
日本工大駒場	普(総進)	男	167	47.1	137	46.4
	普(総進)	女	38	47.1	39	46.3
	普(理数特進)	男	69	50.1	56	49.8
	普(理数特進)	女	4	57.5	4	53.3
	普(特進)	男	39	52.4	36	51.2
	普(特進)	女	11	52.6	18	53.3
	国際工学	男	18	43.6	12	46.8
	国際工学	女	10	44.3	3	51.3
	理数工学	男	101	46.0	89	43.9
	理数工学	女	14	45.4	14	44.0
	機械	男	91	41.0	74	39.8
	建築	男	35	43.0	29	41.3
	電子情報	男	71	45.0	48	41.9
日本橋女学館	普(進学)	女	78	41.0	70	44.4
	普(芸術進学)	女	35	43.0	40	43.3
	普(難関大進学)	女	12	51.7	17	49.4
八王子学園八王子	普(文理普通)	男	324	53.4	447	52.9
	普(文理普通)	女	389	53.6	506	53.7
	普(芸術)	男	9	43.2	8	58.3
	普(芸術)	女	25	48.9	36	52.2
	普(文理特進)	男	89	60.3	136	61.2
	普(文理特進)	女	101	60.3	135	60.3
	普(文理進学)	男	200	57.7	266	58.4
	普(文理進学)	女	251	57.7	352	57.7
	普(英語)	男	中止		23	55.8
	普(英語)	女	中止		58	54.4
八王子実践	普(文理)	男	128	46.0	195	47.0
	普(文理)	女	137	45.8	152	46.7
	普(特進)	男	37	50.6	37	50.5
	普(特進)	女	43	49.2	37	53.6
	普(普)	男	282	43.4	337	44.2
	普(普)	女	501	44.5	454	44.6
	調	男	33	39.7	34	39.3
	調	女	70	41.8	58	41.0
日出	普(総合)	男	147	42.0	139	40.7
	普(総合)	女	296	42.0	276	42.2
	普(スポーツ)	男	8	36.8	22	40.0
	普(スポーツ)	女	17	43.4	14	39.3
	普(芸能)	男	21	37.9	20	38.9
	普(芸能)	女	28	43.1	29	43.9
広尾学園	普(本科[特進Ⅰ類])	男	99	56.3	62	56.5
	普(本科[特進Ⅰ類])	女	97	55.3	114	58.4
	普(医進・サイエンス)	男	42	58.5	14	61.4
	普(医進・サイエンス)	女	39	61.7	27	58.3
文教大付属	普	男	78	52.8	91	50.6
	普	女	100	52.0	116	52.6
富士見丘	普(普)	女	64	52.6	64	52.6
	普(英語特選)	女	23	56.5	19	52.5
藤村女子	普(進学)	女	130	45.2	91	44.2
	普(スポーツ科学)	女	53	45.5	35	42.5
	普(特進)	女	17	49.5	11	49.1
文化学園大杉並	普(総合)	女	183	48.9	153	51.0
	普(総合アドバンスト)	女	34	51.6	69	54.4
	普(英)	女	44	55.9	60	55.4
	普(特進)	女	44	59.9	51	60.7
文華女子	普(総進前進)	女	110	42.1	111	43.3
	普(総進総合)	女	60	42.4	74	44.1
	普(大進上級)	女	11	48.1	12	51.4

学校名	科・コース		2011年11月		2010年11月	
			志望数	平均	志望数	平均
東京成徳大	普(特進)	男	152	59.0	104	58.4
	普(特進)	女	137	57.6	93	57.3
	普(進学選抜)	男	177	54.0	127	53.5
	普(進学選抜)	女	157	54.4	138	52.7
東京電機大	普	男	246	54.8	249	55.2
	普	女	73	54.8	72	57.5
東京都市大等々力	普(特進)	男	96	54.2	132	52.9
	普(特進)	女	72	55.4	90	55.1
	普(特選)	男	31	60.4	51	59.2
	普(特選)	女	43	56.5	30	55.1
東京農大第一	普	男	347	56.2	359	56.7
	普	女	241	57.8	238	57.9
東京立正	普(スタンダード)	男	140	45.2	179	45.1
	普(スタンダード)	女	179	46.0	187	46.8
	普(アドバンスト)	男	56	51.0	22	46.8
	普(アドバンスト)	女	41	49.0	33	51.9
東星学園	普	男	11	43.5	12	48.4
	普	女	8	39.3	2	45.5
桐朋	普	男	123	64.7	111	63.8
東邦音大附東邦	音楽	男	6	47.5	2	47.0
	音楽	女	7	45.3	19	46.5
桐朋女子	普	女	32	56.3	55	53.5
	音楽	男	4	47.5	3	48.0
	音楽	女	3	47.0	4	53.0
東洋	普(総進)	男	344	52.1	349	53.2
	普(総進)	女	471	54.6	466	53.3
	普(特進)	男	448	57.2	465	55.7
	普(特進)	女	631	57.9	572	58.0
	普(特選)	男	220	60.9	218	59.4
	普(特選)	女	264	61.4	261	60.4
東洋女子	普(総進)	女	142	47.5	169	47.9
	普(特進)	女	108	53.5	111	52.8
トキワ松学園	普(美術)	女	24	47.9	14	41.0
	普(進学)	女	8	51.4	10	45.3
	普(特進)	女	1	54.0	2	50.0
豊島岡女子学園	普	女	201	63.6	180	64.9
豊島学院	普(普)	男	767	46.8	846	47.4
	普(普)	女	778	48.5	603	48.4
	普(文理)	男	192	45.6	203	45.7
	普(文理)	女	189	47.2	177	45.1
	普(選抜)	男	179	53.1	185	53.4
	普(選抜)	女	230	53.6	225	54.1
	普(特進)	男	154	55.3	151	56.4
	普(特進)	女	168	57.2	147	57.6
二松学舎大附属	普(進学)	男	385	46.8	328	47.5
	普(進学)	女	397	48.6	340	48.3
	普(特進)	男	91	51.9	62	51.5
	普(特進)	女	100	52.8	75	51.4
日女体大二階堂	普(体育)	女	81	40.7	74	41.3
	普(総進)	女	30	39.2	41	43.1
	普(保健福祉)	女	38	41.6	38	40.7
日大櫻丘	普	男	540	53.0	564	52.0
	普	女	528	52.8	470	53.7
日大第一	普	男	353	52.8	320	51.3
	普	女	260	53.0	183	52.7
日大第三	普(普)	男	124	53.1	115	55.6
	普(普)	女	106	57.0	85	56.7
	普(スポーツ)	男	16	46.4	5	47.0
	普(スポーツ)	女	1	29.0	6	48.7
	普(特進)	男	8	47.4	6	59.7
	普(特進)	女	9	58.0	5	58.0
日大第二	普	男	422	57.0	431	57.6
	普	女	322	58.6	307	60.0
日大鶴ヶ丘	普(普)	男	504	54.3	592	54.0
	普(普)	女	644	55.6	486	55.2
	普(特進)	男	135	59.1	142	59.3
	普(特進)	女	212	61.6	194	61.3
日大豊山	普	男	383	50.1	416	49.8
日大豊山女子	普	女	116	53.0	95	53.9
	理数	女	27	55.3	17	55.2

学校名	科・コース		2011年11月		2010年11月	
			志望数	平均	志望数	平均
目黒学院	普(特進ST)	女	32	48.4	26	45.7
	普(特進PR)	男	17	52.9	6	52.7
	普(特進PR)	女	2	49.5	2	54.0
目白研心	普(選抜)	男	145	50.0	103	47.5
	普(選抜)	女	189	50.1	190	50.1
	普(特進)	男	50	55.4	39	53.8
	普(特進)	女	50	52.8	42	54.5
八雲学園	普	女	19	51.7	19	52.5
安田学園	普(進学[総進])	男	219	47.5	201	46.1
	普(進学選抜)	男	統合		60	50.0
	普(特進)	男	88	56.2	50	56.1
	普(S特)	男	36	55.4		
	ビジネス情報	男	中止		34	39.9
	システム情報	男	中止		43	42.3
立教池袋	普	男	33	53.7	29	53.0
立志舎	普(平日)	男	59	37.0	35	37.2
	普(平日)	女	60	39.5	61	38.6
立正	普(進学)	男	81	46.2	74	46.7
	普(進学)	女	99	46.9	52	46.9
	普(特進)	男	10	50.3	27	53.8
	普(特進)	女	11	51.5	5	50.2
和光	普	男	71	46.0	74	48.3
	普	女	58	47.9	67	49.1
早稲田高等学院	普	男	359	63.5	372	63.7
早稲田実業	普	男	294	63.2	325	60.3
	普	女	122	63.8	101	63.4

国立高校

学校名	科・コース		2011年11月		2010年11月	
			志望数	平均	志望数	平均
お茶の水女子大附属	普	女	148	62.6	112	61.5
筑波大附属駒場	普	男	86	61.6	80	62.2
筑波大附属	普	男	122	64.2	135	65.7
	普	女	71	63	92	63.8
東京学芸大附属	普	男	124	63	118	62.6
	普	女	111	65.2	135	62.5
東京芸術大附属	音	男	13	47.2	3	49.3
	音	女	20	55.5	21	52.9
東京工業高専	機械	男	72	53.7	76	53.7
	機械	女	6	51	5	48.6
	電気	男	40	55.5	22	55.6
	電気	女	2	63	1	57
	物質	男	28	54.8	39	57.3
	物質	女	4	62.5	18	55.2
	電子	男	36	53.8	47	53.7
	電子	女	1	53	6	59.3
	情報	男	60	54.1	63	56.1
	情報	女	9	55.2	7	59.3
東工大附属科学技術	科学技術	男	408	58.7	325	58.4
	科学技術	女	57	61.3	64	57.6

学校名	科・コース		2011年11月		2010年11月	
			志望数	平均	志望数	平均
文華女子	普(大進選抜)	女	3	49.7	5	51.2
	普(難関大進学)	女	3	52.7	5	50.2
文京学院大女子	普(文理)	女	137	47.4	184	48.3
	普(特進)	女	51	51.9	84	55.1
	普(英)	女	44	50.4	57	50.9
	普(理数)	女	29	50.8	35	49.3
法政大学	普	男	366	57.7	365	58.8
	普	女	299	59.5	233	59.8
宝仙学園	普(総進)	女	80	42.0	94	43.9
	普(保育)	女	82	41.0	35	42.6
	普(特進)	女	20	52.5	19	47.4
	普(理数インター)	男	50	56.9	32	51.2
	普(理数インター)	女	57	56.8	37	55.4
豊南	普(進学)	男	719	44.7	695	44.0
	普(進学)	女	709	45.6	631	45.6
	普(特進)	男	59	52.8	68	53.6
	普(特進)	女	66	51.2	29	53.2
	普(進学選抜)	男	105	50.6	119	48.6
	普(進学選抜)	女	124	51.4	108	49.9
朋優学院	普(進学)	男	342	48.2	179	47.7
	普(進学)	女	383	49.3	318	49.3
	調理	男	36	42.4	24	40.3
	調理	女	56	42.0	63	44.5
	普(特進)	男	122	52.8	68	53.8
	普(特進)	女	120	54.3	113	53.8
	普(国公立)	男	88	57.5	50	58.6
	普(国公立)	女	93	56.1	57	57.1
	普(美術)	男	21	48.0	17	44.1
	普(美術)	女	41	47.5	70	46.9
	デザイン	男	23	45.0	15	45.9
	デザイン	女	89	47.9	68	47.0
保善	普(特進)	男	110	55.6	85	55.2
	普(大進選抜)	男	119	53.5	96	52.4
	普(大学進学)	男	423	47.9	396	46.9
堀越	普	男	317	38.5	289	39.6
	普	女	254	40.1	301	39.6
本郷	普	男	248	60.6	237	59.7
明星学園	普	男	119	50.7	132	51.2
	普	女	154	52.2	213	54.5
武蔵野	普(進学)	男	243	39.6		
	普(進学[M])	女	361	40.2	163	38.1
	普(特進)	男	17	40.4	100	40.7
	普(特進)	女	40	44.9	73	39.5
	普(インテンシブ)	男	改編		38	41.3
	普(インテンシブ)	女	改編		38	41.9
	普(幼児教育)	女	改編		56	39.0
武蔵野女子学院	普(難関大進学)	女	88	50.9	99	51.0
	普(薬学・理系)	女	27	54.1	19	54.2
村田女子	普(スタンダード)	女	135	43.5	145	42.2
	普(アドバンスト)	女	43	45.2	27	43.9
	商(スタンダード)	女	103	40.7	94	40.6
	商(アドバンスト)	女	35	42.8	33	43.2
明治学院	普	男	368	58.1	391	57.6
	普	女	476	59.4	479	59.5
明治学院東村山	普	男	149	57.0	108	57.6
	普	女	172	58.5	160	59.1
明星	普	男	194	50.4	168	50.1
	普	女	186	50.9	152	52.0
明大付属中野八王子	普	男	254	58.2	302	58.3
	普	女	181	58.8	183	59.1
明大付属中野	普	男	635	58.6	659	57.5
明大付属明治	普	男	321	61.2	375	61.4
	普	女	218	61.3	253	62.0
明法	普(総進)	男	37	52.8	48	55.6
	普(特進[特選])	男	14	58.0	15	61.5
目黒学院	普(総進)	男	153	43.7	72	42.3
	普(体育)	男	13	34.5	5	36.8
	普(特進AD)	男	23	50.0	5	45.4
	普(特進AD)	女	15	47.2	11	48.8
	普(特進ST)	男	55	47.1	25	48.4

神奈川・千葉・埼玉 公立高校入試展望2012

安田教育研究所 代表 安田 理

2012年度は公立中学卒業予定者数が2年ぶりに増加する。人口増加に対応し、公立高校の募集定員も増えるが、上位校の激戦化が必至な東京に比べ、神奈川・千葉・埼玉では各県の事情により全体的には倍率は緩和する可能性が高い。一方、受験生の安全志向が強いため、上位校より中堅校での倍率上昇や難易度の逆転現象も起こり得る状況だ。安易な志望校変更は安全な選択になるとは限らないので要注意だ。

神奈川県公立高校入試展望

募集増加率は上昇

来春の公立中学卒業予定者数は1382人増の6万7854人。前年比で約2・1%増えている。

一方、公立高校では4万1410人を募集予定。前年より1041人増えていて、その割合は約2・6%と、総人口の増加率よりも高い。極めて異例のことだが、公立高校の募集増加には理由がある。

ここ数年、公立高校の倍率の上昇から定時制高校や通信制高校への不本意入学が増加、ついに今年は神奈川県の全日制高校進学率が47都道府県中、最下位になってしまった。

背景には不景気によって私立を受験しない高校志望者の増加も指摘されているため、2012年度入試では公立高校募集で特別枠を設け、通年よりも高い割合で募集定員を設定することになった。

その結果、2012年度の神奈川県の公立高校入試は近年になく「広き門」になる。

相模大野などの募集停止市立南の募集削減も

全体的な募集数が増加する一方で、募集停止校や削減校もある。

相模大野、**大原**の2校で中等教育学校1期生が高校に進学してくるため、募集を停止する。両校の募集停止により近隣の上位校・中堅校の志望者数が増えそうだ。

2011年10月に行われた進路希望調査では、**相模原**、**大和**、**海老名**、**西湘**などの希望者が増えている。

横浜市立南は中学からの募集を開始するため、募集数を3クラス分削減する。高校からは「狭き門」になるため、受験生から敬遠されるのは確実。そのぶん、**市立桜丘**や**松陽**の希望者が増加している。

上位校は敬遠傾向

ところが、**相模原**のように希望者を増やした上位校は少数派だ。10月の進路希望調査では、希望者を減らした上位校ばかりがめだつ。

湘南、**柏陽**、**川和**、**多摩**では前年の同時期の調査数より100人以上ダウン、**横浜翠嵐**、**希望ヶ丘**、**横浜緑ヶ丘**、**横須賀**、**小田原**などでも減少。

二番手・三番手校でも大幅に希望者を減らしているところがあり、その反対にごく一部の中堅校や下位校で大幅に人数を増やしているところがある。

このまま入試が実施されれば、安全志向の強い受験生の人気が集中した一部の中堅校の難易度が上昇し、かえって危険な選択になってしまうかもしれない。

「○○高でいいや」と選ぶ受験生が増えた

難易度がさほど高くない高校の一部に人気が集中している様子からは、「○○高校がいい」のではなく、「○○高校でいい」という受験生の心情がはっきり見える。

合格したいから「受験勉強を頑張って学力を伸ばそう」とするより、「いまの学力で合格できそうな高校を受けよう」とする受験生の多さが進路希望調査から浮かびあがる。

「合格できるならどこでもいい」のではなく、「合格できそうなところで、行きたいところを探す」受験生も多いために、同程度の難易度の高校でも人気の差がはっきりしているのだろう。

無理はしたくない、手の届く範囲の高校から選ぶ、という安全志向は年々強まる一方だが、希望者数の増減が極端なため、中堅校以下では難易度の逆転現象が見られるかもしれない。

上位校の倍率は前年並みか一部緩和も

一方、学力向上進学重点校をはじめとした上位校では倍率がやや落ち着く可能性が高い。

募集数を増やす**横浜翠嵐**、**光陵**、**厚木**や、進路希望調査では大幅ダウンの**湘南**、**柏陽**など県内有数の難関校で倍率が緩和する可能性がある。

ただし、倍率は緩和しても難易度は下がらないのが上位校の常なので「油断は禁物」。とはいえ、倍率が落ち着けば、上位校ほど、少し内申点が足りなくても、一般入試本番での得点次第で合格可能性は広がるだろう。

学区が全県に拡大する**横浜市立横浜サイエンスフロンティア**は、これまでも人気が高いうえ、2012年度から広範囲の募集となるため合格ラインを上昇させる可能性がある。

出願状況にも注目を

進路希望調査が行われるのは毎年10月20日。2012年度の各校の募集定員が公表されたのは10月30日のことだ。

募集定員が増えるのなら、チャンスが広がるのだから挑戦しようという動きがあるかもしれない。

また、進路希望調査に見られた極端な偏りを見て、人気が分散する可能性がある。

神奈川県で公式に受験生動向がわかるのは出願受付時であるため、そこでどの程度変化するのか注目される。

千葉県公立高校入試展望

募集増加率は抑えめ

2年前に公立中学卒業予定者数が増えたのに対し、最も積極的に対応したのが千葉県だった。

公立ばかりでなく私立にも募集数の増加を要請し、その結果、首都圏の近隣都県では公立高校の平均倍率が上昇するなか、千葉県だけがほとんど変わらなかった。

２０１２年度の中学卒業予定者数は１６０９人増え、５万５５７２人で前年比約３・０％増。これに対し、公立の全日制高校の募集定員は８４０人増の３万４１２０人で約２・５％増。２年前より増加率は少し抑えめだ。

２０１１年度入試では県内公私間の学費格差が縮まり、また公立高校の入試制度の変更に対する敬遠傾向もはたらいて、私立高校第１志望者が増加した。今後も県内私立人気が続く可能性があるのも影響しているのだろう。

全体的な倍率は昨年並みに落ち着きそうだが、私立希望者が増えれば若干緩和するかもしれない。

千葉東、東葛飾で募集増

千葉県では学区制度があるため、人口増加率の高い学区で募集定員を増やす高校が多い。一方、人口が減少している学区では募集を減らす高校もある。２０１２年度、募集を増やすのは27校あるが、そのうち、難関上位校は**千葉東**と**東葛飾**の２校。

千葉東は**県立千葉**に迫る勢いで大学合格実績を伸ばしているが、２０１１年度入試では敬遠傾向が見られた。人気上昇に加え、前期では県内で唯一、応用問題中心型の学校独自問題を実施したことが影響したのだろう。

２０１２年度はその反動で人気を回復する可能性が高い。募集増によって緩和するか、追い風にして倍率まで上昇させるか注目される。

東葛飾は２年前にも募集を増やしたが、応募者も大きく増加したため、倍率は前年より高くなった。ここ２年、高人気が続いているので、一部の受験生からは敬遠される動きもあるため、倍率はさほどあがらないかもしれないが、２０１２年度も注意が必要だろう。

両校以外で募集数を増やすのは、中堅校や難易度の高くないところが多い。中堅校でも、安全志向の影響で人気の集中度によって、前年より倍率が上昇する場合と定員割れになるケースとの両方が募集増加校で見られるかもしれない。

県立千葉、船橋は難易度維持

２０１１年度に附属中学校１期生が高校に内部進学した**県立千葉**では、募集数が減っても難易度・志願者数に大きな変化はなかった。２０１２年度もハイレベルでの入試が続くことだろう。

県内全９学区のうち最も公立高校が多い第２学区は人口の増加率も高く、募集増加校も最多。

しかし、上位校での増員はないため、学区内トップの**県立船橋**をはじめ**薬園台**、**八千代**なども応募者を増やすかもしれない。もし、倍率上昇が受験生に警戒され、受験生が増えなかったとしても、難易度が下がることはないだろう。

埼玉県公立高校入試展望

入試が１回になり、倍率は緩和

２０１０年度の制度変更から、わずか２年で前期と後期の入試機会を一本化する埼玉の公立高校入試。

分散していた募集数が１つに集約されるので平均倍率が下がるのは間違いない。

たとえば、**大宮**の場合、２０１１年度の入試結果は前期５２３人受験、２４５人合格、実倍率２・１３倍、後期２３７人受験、81人合格、実倍率２・93倍だった。これが一本化されれば、前期５２３人のうち、総員３２０人が合格し、実倍率１・63倍、ということになる。

実際には入試日程が３月になるため、国私立難関大学附属合格者は受験しなくなるので、もう少し実倍率は減る可能性もある。

入試機会が１回になるので失敗は許されないが、倍率は下がるのでチャレンジしやすくなる、とも言えるだろう。

私立希望者増で緩和も

２０１２年度の公立中学卒業予定者数は２１５１人増え６万６３８２人、前年比約３・３％増。一方、公立高校募集数は１１６０人増の４万４８０人で約３・０％増えることになる。

10月に実施された進路希望調査では、前年に続き私立希望者数が増加し、公立希望者の割合が２年連続でダウン。千葉県と同様、県内の公私間学費格差の緩和と公立の新しい入試制度への敬遠傾向が私立人気を後押ししているようだ。

新制度２年目の千葉は前年の反動で公立志望者を増やす可能性があるが、再変更される初年度にあたる埼玉では、公立への敬遠傾向が強くなるかもしれない。入試機会の一本化に公立希望者の減少によって、全体的な倍率が下がるのは間違いない。

大宮、川越、川越女子が増員

人口増加に対応して募集数を増やすのは34校。このうち、上位校は**大宮**、**県立川越**、**川越女子**や**蕨**、**越谷北**などで、**越谷南**、**所沢**、**与野**でも1クラスぶんを増員する。

とくに**大宮**の募集増は注目される。県内の伝統校は**県立浦和**、**浦和一女**をはじめ、男子校・女子校が多い。そんななか、共学校の**大宮**が近年は急成長し、大学合格実績ばかりでなく人気や難度でも**県立浦和**、**浦和一女**に迫る勢いがある。

募集増による緩和を期待する受験生が多く集まれば、倍率・難易度とも上昇する可能性がある。

伝統のある進学校で募集を増やすのは、**県立川越**と**川越女子**。両校とも**大宮**同様、募集増加率を上回るだけの受験生を集めれば倍率上昇の可能性がある。

受験生動向に分散傾向も

埼玉県では毎年、人気を集める高校の顔触れに大きな変化はなく、10月の進路希望調査でも**市立川越**、**市立浦和**が人気の高さを見せている。

顔触れに変わりはないが、一部の高校に人気が集中する傾向は年々減っている。

進路希望調査での倍率1位、**市立川越**は前年の同時期の倍率3・58倍から3・31倍に下がっている。また、2倍以上の高校も前年の18校から15校に減少している。

この進路希望調査は各校の募集定員発表前のもの。今回の増員によって変動するところもあるだろう。募集を増やす**蕨**、**川口北**、**所沢**などは応募者を増やすのは確実。

一方、下位校でも募集を増やすところが多い。受験生の安全志向の強まりに対応した募集増と予想されるが、なかには緩和するところも出てきそうだ。

県内私立の大勢が決まるのが1月下旬。公立の学力検査が実施される3月2日までに間隔が1カ月以上ある。志願変更が2月22・23日と27日の2回。都内国私立の結果も判明している状況で、志願辞退や確実性を求めた志願変更もあるだろう。

周囲の安全志向が強いほど、行きたい高校合格に向けて、粘り強く努力を重ねる受験生が報われる可能性は決して低くない。

高校入試の基礎知識

都立高校入試制度の行方を高校改革計画案から考える

このページは、これから高校入試への関心を高めていこうとする受験生や保護者のかたに「高校入試の基礎知識」をわかりやすく解説していこうとするページです。今月号では、首都圏の高校入試が学力重視へと移行していくなか、残る都立高校の入試改革がどのような方向に進むのかについて考えてみたいと思います。

■都立高校改革計画案を発表

東京都教育委員会（以下、都教委）は２０１１年11月24日、この2月に策定する予定の「新たな都立高校改革推進計画（案）の骨子」を公表し、その内容について都民からの意見を募集する（12月22日まで）と発表しました。

「都立高校と生徒の未来を考えるために」として作成された「都立高校白書（平成23年度版）」が9月22日にできてから、2カ月で公表された「計画案」です。

今回の「計画案」には学校の統合や新規開校は見当たらず、これまで東京都が進めてきた施策の継続、または発展させる内容となっています。都民の意見を聞いたあと、2月には正式にまとめられますが、その内容はこの「計画案」に沿ったものになることは間違いないでしょう。

そこで、この春、中学3年生となる受験生にとって気になる入試制度の改革が、どのような計画になっているのかを見てみましょう。なお、このことについては本号60ページ「15歳の考現学」でも森上展安氏が触れていますので、参照してください。

「新たな都立高校改革推進計画（案）の骨子」のなかで、入試制度の改革については、「推薦に基づく選抜（以下、推薦入試）」では「その趣旨が十分に生かされているのか検証を行うとともに、推薦選抜の必要性についても検討を行う」として、これを短期の目標に掲げています。

長期目標には「選抜制度全体の検証を行い、新学習指導要領の全面実施に伴う入学者選抜の仕組みの見直しや、入学時の学力差の解消を図るための入学者選抜の方法等について検討を行う」と、検討会議その他での議論の行方次第では、推薦入試の廃止、一般入試方法の抜本改正を含んだ内容になっています（※「選抜制度」とは一般的には「入試制度」のこと）。

新学習指導要領は、中学校ではこの春、２０１２年度（平成24年度）から完全実施されます。

高校では２０１３年度（平成25年度）の1年生から学年進行で実施され、内容の一部については２０１２年度から高校1年生において先行実施されます。

そのことを考えると、いまの中学3年生が受験を迎える２０１３年度入試で、その濃淡が多少はあるにせよ、なんらかの入試制度の変更が行われることは間違いないでしょう。今後の報道に注意をはらいたいところです。

■推薦入試制度の変更がある

都教委では、「推薦入試」のあり方について、2009年からこれまでかなりの議論をしています。

東京都では、多様なニーズに応えてさまざまなタイプの都立高校を作ってきました。

学力偏重入試から受験戦争という言葉が生まれた反省をもとに、都立高校は複数回の受験機会を設けることとし、現在、都立高校の入試には、「推薦入試」と「一般入試」があります。一般入試には1次募集と2次募集がありますので、3回の受験機会があることになります。受験生はその3回の機会に、それぞれ1校だけ選んで入試を受けます。

受験機会の1つ、「推薦入試」は、学力によらずに受験生を選抜することを目的とした入試で、学力試験を行わず、内申と面接で選抜を行ってきました。

推薦入試は、3回のなかで最も早く、1月のうちに行われています。その弊害として、推薦入試で合格者が出たあとの中学校での授業に生徒の身が入りにくく、その中身が作りにくいという指摘があります。

さて、「ゆとり教育」が学力の低下を招いているとされて批判が高まっていた2009年、都教委のなかで、推薦入試見直しの議論がなされるようになりました。

「本来、高校入試というものは、その学力検査に内申を加味して行われるべきもので、全日制普通科の20%もの数の生徒が学力検査を経ずに（推薦入試で）入学しているのは問題だ」との立場からの意見が出てきたのです。

都教委では、それを受けて、推薦入試制度の中学生への影響や、高校に入った生徒のその後の学習状況などについて実態調査を行い、中学、高校の校長に対するアンケートも実施してきました。

また、推薦入試の必要性や課題について、学識経験者も含めた「入学者選抜制度検討委員会」で検討もしてきました。

そして、この春の2012年度入試に向けて、各校が推薦入試を通じて求める生徒像を明確化することを求めました。

さらに、「推薦入試方法の改善」も各校に求めました。

推薦入試では、調査書と、全校で面接を課して選抜を行っていますが、2012年度入試では、小論文または作文、実技検査をやっていない学校には追加を求めたり、面接などの配点を増やしたり、面接時間の延長や質問項目の見直し、パーソナル・プレゼンテーションやグループ面接の実施など、受験生の目的意識や意欲がより把握できるように改善を図ることにしました。

小論文・作文の実施については、23校が追加しています。

このように2012年度の推薦入試では、受験生の能力・適性、意欲などを一層評価することができるように改善が図られていますが、今回の「新たな都立高校改革推進計画（案）の骨子」では、さらに推薦入試の見直しをうたっていますので、前述したように2013年度入試でも推薦入試がなんらかの変化をすることは間違いないものと思われます。

近県の千葉、埼玉が前期、後期を廃して入試日程を1本化、全員に学力検査を課すようになりました。神奈川も2013年度からは同様の入試となります。都立の全日制普通科校は多様なため、すべてではないかもしれませんが、他県を意識した改革となる可能性が高いと見られています。

● 桜丘高等学校

【問題】

右図のように１辺の長さが３の正方形ＡＢＣＤがある。大小２つのさいころを同時に１回だけ投げて、出た目の数の和に等しい距離だけ正方形の辺上を、頂点Ａから出発して矢印の方向へ移動する点Ｐがある。次の問いに答えなさい。

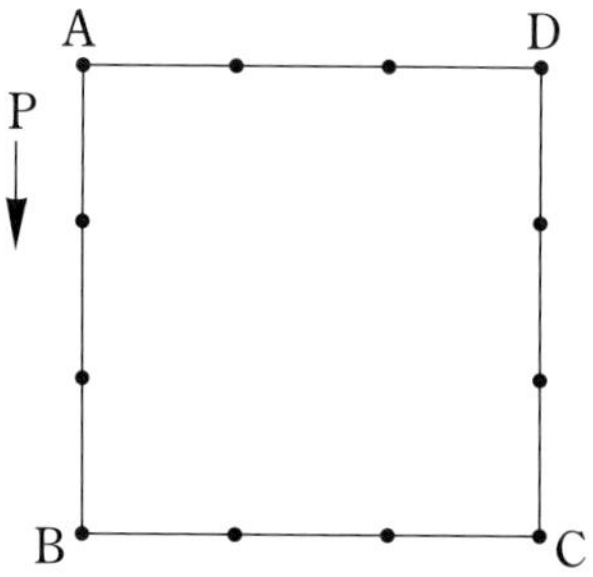

（１） ２点ＡＰを結ぶ線分が正方形を２つの図形に分けるとき、その２つの図形の面積が等しくなるような目の出方は何通りありますか。

（２） 三角形ＡＣＰの面積が正方形の面積の$\frac{1}{6}$になる確率をもっとも簡単な分数で求めなさい。

解：（１）５通り　（２）$\frac{1}{3}$

東京都北区滝野川１-51-12
都電荒川線「滝野川一丁目」徒歩１分、JR京浜東北線「王子」徒歩７分、地下鉄南北線「王子」・都営三田線「西巣鴨」徒歩８分
TEL：03-3910-6161
http://www.sakuragaoka.ac.jp/
twitter：@sakuragaokajshs
facebook：sakuragaokajshs

私立高校の入試問題に挑戦!!

● 帝京大学高等学校

【問題】

右図において，点Ａ，Ｂ，Ｃ，Ｄは円周上の点，点ＥはＤＡ，ＣＢの延長の交点，点ＦはＡＣとＢＤの交点，ＢＤは円の直径である。ＥＡ＝５，ＥＤ＝12，ＥＣ＝10とする。

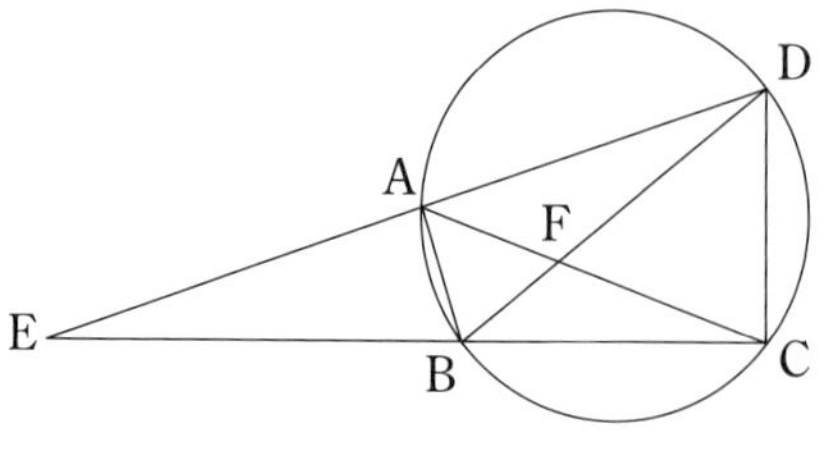

（１） ＡＣの長さを求めよ。

（２） 面積の比△ＡＢＣ：△ＡＣＤを最も簡単な整数の比で表せ。

解：（１）$\frac{5}{3}\sqrt{15}$　（２）２：７

東京都八王子市越野322
京王線「堀之内」「豊田」「多摩センター」スクールバス15分、徒歩23分
TEL：042-676-9511
http://www.teikyo-u.ed.jp/

サクセス広場

お便りコーナー

お正月の思い出

12月31日から1月1日になるときにジャンプしたから**年の変わり目に陸上にいなかった**こと（笑）（中2・コナピさん）

去年のお正月に、家族で九十九里浜まで**初日の出を見に行きました！**震えるほど寒かったけれど、あんなに美しい光景を見たのは初めてで、本当に感動しました。（中2・シンジとレイさん）

お気に入りのお店の**福袋**が欲しくて、並んで買いました。（中3・109さん）

お正月は毎年、祖母の家で過ごします。去年は親戚がみんな集まって**豪華なおせち**を食べたのが思い出に残っています！（中2・エレクトりかルさん）

小学生のときのことです。冬休み明けに、友だち同士で「オレ、お年玉で3万円もらった！」とか話してるのを聞いて、新年早々ヘコみました。ぼくなんて**年齢×100円**しかもらえなかったのに…。（中1・O・Dさん）

おじいちゃんが**モチをのどに詰まらせて**死にそうになった。（中3・もちもち夫さん）

登下校時のハプニング

私と友だちが通る通学路には信号があります。私たちは信号が赤になったので、話で盛りあがっていました。そしたら、おじさんが寄ってきて、**「お嬢ちゃんたち、信号渡らないの？」**と聞かれました。どうやら何回か青信号になっても見過ごしてしまったようです。（中2・おしゃべりさん）

登校中に、**2mくらいのアオダイショウ**が道をふさいでいたことです。かなりびっくりしたし、怖かったです。（中3・りこさん）

学校から帰っている途中で友だちが「アレ？　バッグ持ってなくない？」とひと言。私、**学校にバッグ忘れて**帰ろうとしてました。どうりでなんか軽いと思ったよ…。（中1・りんりんさん）

自転車で帰ろうかと思ったら、**サドルが取られてた**。（中2・J・Iさん）

1人で目をつぶってどれだけ歩けるかやってみたら、**田んぼに落ちました。**（中1・妖怪人間ドロさん）

2012年に挑戦したいこと

高校で**フェンシング部**に入って、全国大会に出る！（中3・剣道2段さん）

AKBに応募します！（中1・優子さん）

絶対に**フォアグラ**を食べる！（中1・TOMIさん）

マッチョになりたいです。高校でアメフトをやりたいのでいまから鍛えようと思います。（中2・Mさん）

行きたい高校があるので、そこに**合格する**ことです。そのためにこの1年はめちゃくちゃ頑張ります。（中2・本気と書いてマジさん）

自分で流行語を作って、**流行語大賞を**狙ってやる！（中2・ぼちぼちさん）

【募集中のテーマ】

『卒業する先輩へ…』
メッセージを贈ります！

『このスポーツが好き!』
理由も教えてください!

『おしゃれのこだわり』
私だけのこだわりがある!

応募〆切 2012年2月15日必着

必須記入事項
A、テーマ、その理由
B、住所
C、氏名
D、学年
E、ご意見、ご感想など

ハガキ、FAX、メールを下記までどしどしお寄せください！
住所・氏名は正しく書いてください!!
ペンネームは氏名のうしろに（ ）で書いてネ！
【例】サク山太郎（サクちゃん）

〒101-0047　東京都千代田区内神田2-4-2
グローバル教育出版　サクセス編集室
FAX：03-3253-5945
e-mail:success15@g-ap.com

掲載にあたり一部文章を整理することもございます。
個人情報については、図書カードのお届けにのみ使用し、その他の目的では使用いたしません。

掲載されたかたには抽選で図書カードをお届けします！

ケータイから上のQRコードを読み取り、メールすることもできます。

中学生のための学習パズル

問題

Q アナグラムパズル

アナグラム (anagram) は、単語や文のなかの文字をいくつか入れ替えることによって、まったく別の意味にさせる言葉遊びです。下の例にならって、文中にある単語を並べ替えてマスのなかに入れ、意味の通る英文を完成させてください。最後に、□に当てはまる５つのアルファベットを並べ替えてできる動物名を表す英単語を答えてください。

【例】 The bus stop is in front of the □□□□ office.

文中の stop を並べかえて post にしてマスの中に入れると、下のような文になります。

The bus stop is in front of the post office.（バス停は、郵便局の前にあります。）

① □□□□□ are three eggs in the basket.

② Be silent. □□□□□□ to me.

③ A mysterious □□□□□ happened last night.

④ I □□□ a movie yesterday. It was very interesting.

⑤ Children have no □□□□□□ if they play in this garden.

応募方法

★必須記入事項

01.クイズの答え
02.住所
03.氏名（フリガナ）
04.学年
05.年齢
06.アンケート解答「フェルメールからのラブレター展」もしくは「歌川国芳展」の招待券をご希望のかたは、「○○展の招待券希望」と明記してください。

◎すべての項目にお答えのうえ、ご応募ください。
◎ハガキ・FAX・e-mailのいずれかでご応募ください。
◎正解者のなかから抽選で3名のかたに図書カードをプレゼントいたします。
◎当選者の発表は本誌2012年4月号誌上の予定です。

★下記のアンケートにお答えください

A.今月号でおもしろかった記事とその理由
B.今後、特集してほしい企画
C.今後、取りあげてほしい高校など
D.その他、本誌をお読みになっての感想

◆2012年2月15日（当日消印有効）
※「歌川国芳展」の招待券をご希望のかたは2012年1月31日締切

◆あて先
〒101-0047 東京都千代田区内神田2-4-2
グローバル教育出版 サクセス編集室
FAX:03-3253-5945
e-mail:success15@g-ap.com

12月号の答え

Q 漢字ボナンザグラム　A 十年一日

問題

空いているマスに漢字を入れて三字・四字熟語を完成させてください。ただし、同じ番号のマスには同じ漢字が入ります．最後に［　　］に入る四字熟語を答えてください。

7	16	13	1	17	衆	6	13	12	13	2
10	14	晩	5	8	度	14	1	曜	10	工
15	6	10	名	理	3	6	総	17	10	学
7	11	7	色	雪	17	15	12	2	交	2
12	界	10	15	16	月	1	4	8	4	厘
空	9	8	解	7	11	並	石	14	時	2
10	願	5	就	光	17	5	11	海	15	術
16	9	行	3	13	10	3	7	9	八	4

【チェック表】

1	2	3	4	5

6	7	8	9	10

11	12	13	14	15

16	17

解説

パズルを完成させると、
下のようになります。

十年一日	合衆国	一世一代
大器晩成	分度器	日曜大工
戦国大名	理事国	総合大学
十人十色	雪合戦	世代交代
世界大戦	年月日	九分九厘
空中分解	十人並	石器時代
大願成就	光合成	人海戦術
年中行事	一大事	十中八九

【語句の解説】


十年一日…長い期間、なんの変化もなく同じ状態であること。

一世一代…一生のうちただ一度だけのこと。

一生に一度の晴れがましい行い。

大器晩成…大人物は、立派になるまで時間がかかるということ。

日曜大工…日曜などの休日に趣味でする簡単な大工仕事。

人海戦術…多人数で物事に対処すること。

十人並……顔だちや能力などが、とりたててよくも悪くもない、普通の程度であること。

12月号学習パズル当選者
（全正解者65名）

★藤田　実希さん（千葉県習志野市／中2）
★本間　雄貴くん（神奈川県横浜市／中1）
★野村　彰宏くん（埼玉県春日部市／中3）

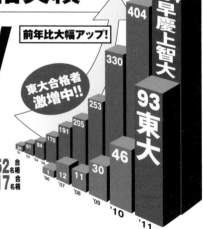

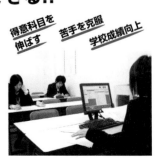

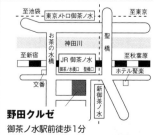

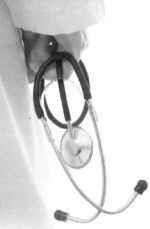

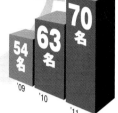

日本の映画ポスター芸術
1月7日(土)～3月31日(土)
東京国立近代美術館フィルムセンター

スクリーン外で見る もう１つの映画芸術

最近では、HPやTVCMなどが映画の宣伝メディアとしてなくてはならないものになっているが、かつては劇場や街角に貼られている映画のポスターが、大きな宣伝方法の1つだった。この展覧会では、1960－1970年代の作品に重きを置いた100点以上のポスターが展示されている。映画とポスターのグラフィックがどういうつながりを持っているのか。スクリーンの外側に花開いた映画芸術を楽しもう。

動物目線の行動学　バイオロギング
12月23日(金)～3月4日(日)
国立科学博物館

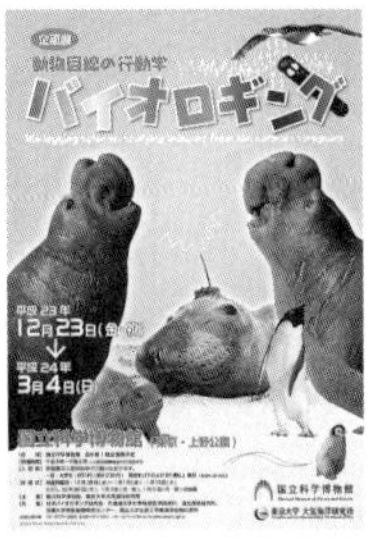

ウミガメやペンギンの 行動の様子が明らかに！

技術の進歩により小型の記録計「ロガー」が開発され、そのロガーを動物がつけることで、これまで知ることのできなかった動物の行動が明らかになってきている。この展覧会では、ペンギンやウミガメ、アホウドリなどにつけられたロガーに記録された動物の知られざる行動を、動物の目線になって知ることができる。まさに動物になった気分を味わうことができるぞ！

世界のブックデザイン2010-11
11月12日(土)～2月19日(日)
印刷博物館

いま改めて見る 紙の本の美しさ

毎年３月に行われている「世界で最も美しい本コンクール」の入選図書と、日本、ドイツ、オランダ、スイス、中国、カナダ、オーストリアの７カ国の優れたデザインの書籍が約240冊展示される。伝統的なものから、奇抜なデザインのものまで、普段見ることのできない世界の本を見ることができる。書籍のデジタル化が話題となっている昨今、紙の本の装丁の美しさを改めて感じられる展覧会だ。

サクセス イベント スケジュール

1月～2月

世間で注目のイベントを紹介。

●オリンピック

第１回がギリシャで始まってから４年に１度行われている夏季オリンピック。2012年のロンドン大会は30回目の記念大会となる。ちなみに2016年は、候補地に立候補した東京を破ってリオデジャネイロで開催される。４年に１度という緊張感のある試合には必ず悲喜こもごものドラマが展開される。今年はどんなドラマが見られるだろうか。

「開運ハッピー」展
1月5日(木)～4月1日(日)
切手の博物館

年賀
（中国香港 1999年）

誕生日を祝う
（アメリカ 2002年）

世界中のハッピーが 集約された切手が大集合

お正月や誕生日など、お祝いごとというのはだれもが楽しく幸せな気持ちになれる。そんなハッピーな記念ごとを祝して作られた世界中の切手の数々が勢揃いする。約100の国と地域から、その数800点以上。なかにはイギリスのウィリアム王子のご成婚をはじめとしたロイヤルウエディングの切手から誕生日などを祝すグリーティング切手などが展示されている。世界中の幸せを見て、今年１年をハッピーに始めよう！

フェルメールからのラブレター展
12月23日(金)～3月14日(水)
Bunkamuraザ・ミュージアム

ヨハネス・フェルメール Johannes Vermeer《手紙を読む青衣の女》Girl Reading a Letter, 1663-64年頃 油彩・キャンヴァス アムステルダム国立美術館、アムステルダム市寄託 ©Rijksmuseum, Amsterdam. On loan from the City of Amsterdam (A. van der Hoop Bequest)

「フェルメールからのラブレター展」の招待券を５組10名様にプレゼントします。応募方法は76ページを参照。

世界から集まった フェルメールの傑作3作品

この展覧会は、オランダ人画家フェルメールの手紙をテーマにした３作品が一堂に会する貴重な機会となっている。なかでも「手紙を読む青衣の女」は日本初公開となるばかりではなく、修復後、世界に先駆けて公開されている。また、フェルメールと同時代を生きた、画家たちによる人々の絆をテーマにした作品が公開され、描かれた人々のしぐさや表情、感情の動きなどから、17世紀のオランダのコミュニケーションのあり方を知ることができる。

没後150年　歌川国芳展
12月17日(土)～2月12日(月)
森アーツセンターギャラリー

通俗水滸伝豪傑《ごうけつ》百八人之壹人　浪裡白跳張順（前期展示）

「歌川国芳展」の招待券を５組10名様にプレゼントします。応募方法は76ページを参照。

世界的に注目を集める 歌川国芳の大規模展覧会

日本だけではなく、ロンドンやニューヨークなどでも展覧会が開かれるほど、時を超えて注目を集める浮世絵画家の歌川国芳。教科書などでも見たことがある、その国芳の作品を420点も集めた過去最大規模の展覧会が没後150周年を記念して行われている。代表作からこれまで未発表のものまで、人や風景に限らず金魚や猫が擬人化されたものなど、ユニークな作品はどれを見ても楽しめるだろう。

From Editors

明けましておめでとうございます。本年もサクセス15をよろしくお願い申しあげます。

みなさん本番直前になって体調を崩していませんか？　栄養満点な食事と十分な睡眠をとって風邪やインフルエンザに負けないようにしてください。もし、風邪をひいてしまった人がいたら、今月号の特集に書いてある正尾佐先生のアドバイスを読んでみてください。そして、次のページにある先輩たちのアドバイスや偉人の名言を読んだら、やる気が湧いてくるはずです。最後まで悔いが残らないように頑張ってください。（M）

Information

『サクセス15』は全国の書店にてお買い求めいただけますが、万が一、書店店頭に見当たらない場合には、書店にてご注文いただくか、弊社販売部、もしくはホームページ（下記）よりご注文ください。送料弊社負担にてお送りいたします。

定期購読をご希望いただく場合も、上記と同様の方法でご連絡ください。

Opinion, Impression & etc

本誌をお読みになられてのご感想・ご意見・ご提言などがありましたら、ぜひ当編集室までお声をお寄せください。また、「こんな記事が読みたい」というご要望や、「こういうときはどうしたらいいの」といったご質問などもお待ちしております。今後の参考にさせていただきますので、よろしくお願いいたします。

◆サクセス編集室
TEL　03-5939-7928
FAX　03-5939-6014

高校受験ガイドブック2012 2 サクセス15

発行　2012年1月14日　初版第一刷発行
発行所　株式会社 グローバル教育出版
〒101-0047 東京都千代田区内神田2-4-2
TEL　03-3253-5944
FAX　03-3253-5945
http://success.waseda-ac.net/
e-mail　success15@g-ap.com
郵便振替　00130-3-779535
編集　サクセス編集室
編集協力　株式会社 早稲田アカデミー

Success15

2月号

Next Issue

3月号は…

Special 1

早稲田特集！

学部学科、著名人、
附属校など
早稲田を徹底解剖

Special 2

勉強が楽しくなる雑学

9784903577531
1926037008002

ISBN978-4-903577-53-1
C6037 ¥800E
定価：本体800円+税
グローバル教育出版

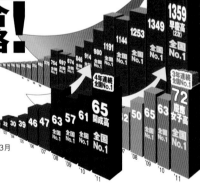